KOLOPHON

Text:
Jeroen Wesselink, Chiel van de Ven
Rezepte:
Frank de Bruin, Jelmer Grisel, Tim Ibink, Wim van Laarhoven, Antal van Loosbroek, Joost van Manen, Rob Rademaker, Jeroen Wesselink, Omer Wullur
Titel & Konzept:
Dirk Hoeksema
Leitung:
Frank de Bruin
Art Direktion:
Chiel van de Ven, Nijgh
Design:
Nijgh
Produktion:
Julia Keijzer, Nijgh
Fotos:
Rose Mentink
Eline Mooij, Fotos B01, B10, B18 (2), B20, B26, B35, B51, B52
Styling:
Eline Mooij
Rose Mentink, Fotos B04, B06, B07, B08, B12, B13, B18 (1), B25, B32, B36, B37, B38, B39, B42, B49
Props:
WoodDudes, Intratuin
Druckunterstützung:
Emil Wagemaker, Het staat gedrukt
Übersetzungsbüro:
AVB Vertalingen
Partner:
Beyond Meat, Intratuin, Emmi/Kaltbach,
Plukon Food Group, The Frozen Butcher, Warsteiner

ISBN
9789082882841

200 Fahrenheit - The Bastard
Ingenieur Lelyweg 8, 2031 CD Haarlem, Niederlande
www.thebastard.com

INHALT

BE PREPARED

MEET THE 52

JEDER MANN VERDIENT ES, EIN MEISTER DES FEUERS ZU SEIN. UNSER TRAUM IST ES, IHM BEIM ZÄHMEN ZU HELFEN.

WE CAN BBQ

We Can BBQ oder We Can't BBQ. Ein Buchstabe macht den Unterschied.
Masterchefs, Grillmeister und selbst ernannte BBQ-Experten: Es vergeht kein Tag, ohne dass sich die BBQ zu diesem Thema zu Wort meldet.
Was früher eine absolute Männerdomäne war, wird jetzt emanzipatorisch umkämpft.
Dann heißt es, einen kühlen Kopf zu bewahren!

Man muss wirklich keinen Michelin-Stern vorweisen, um gut grillen zu können.
Dieses Buch ist somit all jenen gewidmet, die Gutes vom Grill zu schätzen wissen.
Und denen, die die Reichtümer der Natur lieben.

Keine Regeln, sondern Zutaten.
Keine Weisheiten, sondern Leidenschaft.
Ohne Einschränkung: Grill Like A Bastard.

Vor uns liegt ein Buch, das dazu animiert, die Küchentür hinter sich zuzuschlagen und draußen Grillträume Wirklichkeit werden zu lassen.
Also warme Jacke besorgen und drei Kubikmeter Holzkohle bestellen. Dann kann das Abenteuer beginnen.

Wenn dieses Kochbuch nach 52 Gerichten nicht zerfleddert, angekohlt, gelöscht, verschmiert, verflucht, verregnet, zugeschneit, befleckt und gestohlen-umkämpft-und-wiederbesorgt ist, dann ist bestimmt noch einiges zu tun.

Be the best Bastard you can be!

Jeroen Wesselink

ASTAR
TDOOR CO

GRILL LIKE A BASTARD

Die Rezepte in diesem Kochbuch lassen die Möglichkeiten deines Grills aus einer neuen Perspektive heraus betrachten. Und die Möglichkeiten sind schier endlos, glaube uns. Wir nutzen diverse Techniken, die für deinen Grilltyp geeignet sind.

ZEIT & TEMPERATUR

Natürlich möchte jeder gerne wissen, wie lange die Zubereitung dauert. Das hängt von zahlreichen Faktoren ab, zum Beispiel von der Dicke des Fischs oder Fleisches. Die Zeitangaben sind daher nur Richtwerte. Bei der Temperatur ist Genauigkeit dagegen sehr wichtig. Ein gutes Kernthermometer ist dazu unverzichtbar. Damit ist Lebensmittelsicherheit gewährleistet und es sorgt dafür, dass die Gerichte nicht zu gar werden. Achte auf jeden Fall auf Sicherheit beim Grillen! Grill Like A Bastard, Not Like An Idiot.

RAUCH

Manche Gerichte verlangen ein zusätzliches Räucheraroma. Mithilfe eines Rauchgenerators oder Tube Smokers ist die Kontrolle dieses Vorgangs einfach. Vor allem gilt dies auch für einen Gasgrill. Räucher-Anfänger sollten die Rauchmenge in ihren Gerichten langsam erhöhen. Grille, was das Zeug hält, aber halte dich beim Räuchern zurück.

HOLZKOHLE UND BRIKETTS

Wer minderwertige Holzkohle oder Briketts verwendet, hat schon einen Rückstand von 3:0, bevor er überhaupt anfängt zu grillen. Besorge dir hochwertige Ware, vorzugsweise großformatig. Zu Briketts muss gesagt werden: Sie enthalten oftmals Füllmaterial. Das riecht nach Enttäuschung, vom Geschmack ganz zu schweigen. Eine Ausnahme bilden Kokosbriketts, die aus Kokosnüssen hergestellt werden.

DIREKT – INDIREKT

Noch kurz zu den Grundlagen, obwohl das wahrscheinlich schon alles klar ist. Die wichtigsten Methoden sind:

Mit **direktem** Feuer erhitzt man das Grillgut mit der direkten Strahlungswärme der Flammen (Gas oder Holzkohle). Das ist perfekt für schnelle und kurze Zubereitungen. Ein Auge muss man allerdings darauf haben, dass das Grillgut nicht verbrennt.

Mit der **indirekten** Methode wird für eine Barriere zwischen Flammen und Grillgut gesorgt. Das Grillgut wird durch die heiße Luft gegart, die von der Feuerquelle erhitzt wird. Auf einem Keramikgrill verwendet man ein Hitzeschild, auch Plate Setter genannt. Auf einem Kesselgrill gibt es oftmals eine Zone für das Feuer und eine benachbarte Zone. Bei dieser Methode verwendet man logischerweise die Zone neben dem Feuer. Auf einem Gasgrill positioniert man das Grillgut über den Gasbrennern, die nicht angezündet werden. Bei einem offenen Grill sind die Möglichkeiten beschränkter als bei einem Grill mit Deckel. Dann kann man auf einen Grill Dome zurückgreifen oder einen umgekehrten Wok über das Grillgut legen. Eine Abtropfschale ist bei indirektem Grillen immer hilfreich!

LOW & SLOW

Ein Keramikgrill ist eine Option für Low & Slow. Das Nachfüllen von Kohle ist selten erforderlich.
Bei einem Metallgrill gibt es einen vermehrten Wärmeverlust und es müssen mehr Tricks zum Einsatz kommen. Eine Methode, um lange grillen zu können, ist die Kohlenschlange. Sie funktioniert wie eine verlangsamt fallende Reihe von Dominosteinen.

Letztendlich geht es nicht darum, wie groß oder wie teuer ein Grill ist, sondern wie man ihn nutzt. Egal, ob du nun einen Gas-, Kessel-, Pellet- oder Keramikgrill hast: Grill Like A Bastard ... und besorge dir dann einen.

DER KERN DES GRILLENS

Temperatur izzst wie der Ozean: Entweder ist er dein Freund oder dein Feind. Vor allem bei der Zubereitung von Fleisch und Fisch muss man wissen, bei welcher Temperatur der Verzehr absolut unbedenklich ist. Denn wir Bastards sind vielleicht coole Kerle – unsere Kerntemperatur dagegen ist warm.

Kurzum: In Schweine- und Hühnerfleisch befinden sich viele Bakterien, die gefährlich werden können. Sie können einem wunderbaren Grillabend einen bitteren Nachgeschmack verleihen. Willst du nicht zu denen gehören, die bis in alle Ewigkeit an diese eine Lebensmittelvergiftung erinnert werden, investiere lieber in ein gutes Kernthermometer, denn: Messen ist wissen, was man tut. Und Wissen gibt Sicherheit. Überdies wirkt ein Thermometer profimäßig.

Je langsamer man Gerichte gart, desto gleichmäßiger wird das Resultat. Eine gute Technik für Rindfleisch ist „Reverse Sear" bzw. das Rückwärtsgaren. Dabei gart man das Fleisch mit der gewünschten Kerntemperatur (oder etwas niedriger) erst indirekt auf dem Grill, der auf eine relativ niedrige Temperatur eingestellt ist. Danach grillt man das Fleisch direkt – und wird mit einem außen knusprigen Resultat belohnt.

Auch eine zu hohe Kerntemperatur kann zu einer großen Enttäuschung führen und Rindfleisch oder Fisch völlig austrocknen. Eine plötzlich ansteigende Temperatur kann mit einem Kernthermometer nicht zur bösen Überraschung werden!

KERNTEMPERATUREN

RIND LAMM

48 - 52 °C	rare	Kern ist hellrot, an der Außenseite rosa
52 - 55 °C	medium rare	Kern ist stark rosa, an der Außenseite leicht graubraun
55 - 57 °C	medium	Kern ist leicht rosa, die Außenseite bräunlich
57 - 60 °C	medium well	Kern ist grau

SCHWEIN KALB

54 - 57 °C	rare	Kern ist leicht rosa, an der Außenseite leicht braun
57 - 60 °C	medium rare	Kern ist rosa, an der Außenseite braun
60 - 63 °C	medium	Kern ist rosa, die Außenseite bräunlich
63 - 70 °C >	well done	Gleichmäßig braun

HÜNCHEN & GEFLÜGELFLEISCH

Ab 72 °C	gaar	Flüssigkeit wird transparent

FISCH

48 - 50 °C	medium rare	Für fetten Fisch, Lachs, Thunfisch, Marlin, Schwertfisch
60 °C	für ganze Fische geeignet	Das Fischfleisch ist nicht transparent und fällt schnell auseinander

WENN SICH DER RAUCH VERFLÜCHTIGT

Rauchen macht süchtig. Genau wie Räuchern. Wer das Räuchern einmal beherrscht, dem eröffnet sich eine ganz neue Welt.

RÄUCHERN AUF DEM GRILL

Das Räuchern auf dem Grill ist eigentlich sehr einfach. Gibt man Holzchips oder -chunks zur Holzkohle, verleihen diese dem Grillgut ein zusätzliches Räucheraroma. Uns geht es gerade um dieses Aroma, aber Räuchern wurde ursprünglich als Konservierungsmethode ins Leben gerufen. Damit konnten Lebensmittel länger haltbar gemacht werden. Räuchern ist auf zweierlei Art möglich: mit kaltem oder mit warmem Rauch.

KALTRÄUCHERN

Beim Kalträuchern möchte man einer Zutat ein intensives Räucheraroma verleihen, ohne sie zu garen. Dazu verwenden wir einen Kaltrauchgenerator oder eine Eierschachtel mit Räuchermehl. Vermieden werden muss eine zu starke Wärmeentwicklung. Wenn etwas brennt, sollte man dafür sorgen, dass es nicht mit den Kohlen in Berührung kommt, die sich zufällig auch im Grill befinden. Bei warmem Wetter empfiehlt es sich, zur Kühlung eine Abtropfschale mit Eis in den Grill zu stellen. Die Temperatur sollte so niedrig wie möglich sein, daher hat ein schwarzer Grill besser nichts in die Sonne verloren. Für Kalträuchern gilt eine Temperatur unter 20 °C. Durch Kalträuchern lässt sich Fisch, Fleisch, Käse, Eier, Pfeffer und Salz räuchern, aber auch Butter. Vor der Verwendung werden Fisch und Fleisch häufig gepökelt. Alles, was geräuchert wird, bekommt mit etwas mehr Zeit einen intensiveren Räuchergeschmack. Das lange Räuchern von Fisch und Fleisch tötet Bakterien ab (+ 8 Stunden bei Fisch). Über 28 °C fängt Fisch an zu garen. Daher behalten wir immer eine niedrige Temperatur im Auge.

WARMRÄUCHERN

Bei dieser Methode räuchert man eine Zutat und gart sie gleichzeitig. Für Warmräuchern gilt eine Temperatur von ca. 75 °C, wie z. B. für Aal, Makrele oder warmgeräucherten Lachs. Es soll ausreichend Wärme erzeugt werden, aber auch nicht zu viel. Beschränke die Holzkohlenmenge und verwende eine Räucherbox oder eine große Kugel Aluminiumfolie mit Räucherchips. Eine Räucherbox muss während des Räuchervorgangs nicht nachgefüllt werden. Durch den Rauch und die Wärme wird das Gericht gegart, und durch die immer noch relativ niedrige Temperatur kann der Rauch gut vom Gericht absorbiert werden. Und genau wie in der Kunst ist Geschmack lebenswichtig.

LOW & SLOW

Low & Slow ist eine Technik, Fleisch bei niedriger Temperatur zu garen. Sie eignet sich auch hervorragend dazu, dem Fleisch ein gutes Räucheraroma zu verleihen. Rohes Fleisch kann mehr Räucheraroma absorbieren. Chunks, Chips oder eine Räucherbox sind unsere Helferlein. Bei zu hohen Temperaturen entsteht mehr vollständige Verbrennung und weniger Rauch. Das Fleisch nimmt bei steigender Temperatur weniger Räucheraroma auf. Spareribs, Pulled Pork und Brisket sind einige Beispiele für Gerichte, die ein zusätzliches Räucheraroma gut vertragen.

EINWEICHEN ODER NICHT?

Müssen Räucherchips erst in Wasser eingeweicht werden oder nicht? Die Meinungen dazu gehen stark auseinander. Unsere Meinung: nicht einweichen. Wir verwenden eine Räucherbox und achten darauf, dass nasse Chips die Holzkohle nicht abkühlen. Außerdem verliert das Holz durch vorheriges Einweichen an Aroma, weil das Aroma zum Teil im Wasser gebunden ist.

DUFTRICHTUNGEN

Macht es viel aus, welches Räucherholz man verwendet? Zu einem gewissen Grad schon, aber weniger, als manchmal behauptet wird. Räuchern sollte man vor allem in Maßen. Nicht jeder weiß ein sehr starkes Räucheraroma zu schätzen. Eine gute Lüftung verhindert, dass das Räucheraroma bitter wird. Der Rauch muss entweichen können. So lassen sich Enttäuschungen über das Aromas des Gerichtes vermeiden. Unterschiedliche Holzsorten liefern unterschiedliche Aromen. Bekannte Marken wie Axtschlag haben oft eine eigene Mischung. Es macht aber auch Spaß, einen eigenen Blend zu kreieren. Experimentiere ruhig damit. Der Grill wird während des Räucherns auf jeden Fall gut duften, und alle in der Nähe wissen, was du tust!

Nachstehend findet sich eine kleine Auswahl an Holzarten, die problemlos erhältlich sind:

HOLZSORTE	AROMA
APFEL	Süß und mild. Gut für Geflügel.
BUCHE	Universalaroma. Sorgt für eine schöne Räucherfarbe.
EICHE	So riecht Rauch! Ziemlich dominant und intensiv.
AHORN	Man denke an Ahornsirup, aber dann geräuchert! Süß und mild.
HICKORY	US-amerikanisch: süß, aber ziemlich stark. Für Fleisch und Fisch.
KIRSCHE	Fruchtig. Passt toll zu Schweinefleisch.
MESQUITE	Scharfes Räucheraroma. Wird schnell bitter. Ideal für texanisches BBQ.
PECAN	Süß und nussig. Passt zu allem.
WHISKEY-FASS	Kräftig. Eichenholz mit Whiskey-Aroma, z. B. Jack Daniel's.

WAS MAN TUN UND WAS MAN NICHT TUN SOLLTE

Auch für den Grill gelten Best Practices.

EIN SAUBERER GRILL

Glaube mir: Kein Gast ist erpicht auf die Reste des vorigen Grillabends. Außerdem lässt es sich mit einem sauberen Grill auch besser arbeiten. Man sollte den Rost immer säubern, wenn er noch warm ist. Verwende dazu eine gute Grillbürste. Mit einem Aschekratzer, Pinsel bzw. einem alten Staubsauger lässt sich alte Holzkohle und Asche beseitigen. Dem Grill solltest du kurz richtig gut einheizen, damit auch die letzten Reste verschwinden und der Rost ganz sauber ist.

KOHLE GEFAHRLOS ANZÜNDEN

Du kannst tun und lassen, was du willst, aber verwende nie, nie, nie flüssige Grillanzünder, weiße Anzündwürfel, Holzkohlebeutel, bei denen man den Beutel anzünden muss, oder andere chemische Dinge. Zum einen kann es gefährlich werden, und zum anderen ist das alles völlig überflüssig. Ein One Minute Lighter oder sogar Nacho-Chips eignen sich prima zum Anzünden. Mit einem Kohlestarter geht es noch einfacher. Mit Geduld und ausreichender Belüftung bist du gut gewappnet.

HOCHWERTIGE HOLZKOHLE

Spare noch lieber am Bier als an der Holzkohle. Schon der unangenehme Geruch, der sich beim Anzünden verbreitet, kann billige Briketts verraten. Auf diese Enttäuschung verzichten wir besser. Holzkohle ist einer der wichtigsten Grillfaktoren. Unsere klare Empfehlung ist ein Produkt mit neutralem Geruch. Wer zusätzliches Räucheraroma kreieren will, erreicht dies durch Räucherholz.

TEMPERATUR UNTER KONTROLLE

Die Temperatur des Feuers hochzutreiben, ist eigentlich keine Kunst. Die Kunst besteht eher darin, die Temperatur zu drosseln. Also ist es wichtig, die Temperatur immer unter Kontrolle zu haben. Gelingt das nicht, wartet man besser, bevor das Grillgut dem Grill anvertraut wird. Langsamer garen für ein besseres Resultat, so unsere Devise.

SICHERHEIT

Ein Grill ist ein Gerät, das eine magische Anziehungskraft ausübt – auf kleine wie auf große Gäste. Kinder lässt du vorsichtig Bekanntschaft mit dem Grill machen und gibst ihnen deutlich zu verstehen, dass sie nicht in die Nähe des Rostes kommen dürfen. In der Nähe des Grills zu spielen bedeutet, mit dem Leben zu spielen. Brandwunden durch einen umfallenden Grill oder die Verwendung von Flüssiganzündern können mit Geduld und Verstand verhindert werden. Darüber hinaus ist auch die Lebensmittelsicherheit wichtig – ein weiterer Grund, gut auf die Temperatur zu achten.

BURN
BASTARD
BURN
THE BASTARD

THE BASTARD
B8074
2000W

B 01 PONZU-KÖNIGSKRABBE

220° DIREKT

20 MIN

In der Fernsehserie *Der gefährlichste Job Alaskas* wird seit eh und je nach Königskrabben in der Beringsee gefischt. Diese große Krabbe wird aufgrund ihrer Größe auch Monsterkrabbe genannt. Sie ist eine echte Delikatesse: in den Beinen viel Fleisch mit einem wunderbaren, süßlichen Geschmack. Die Beringsee grenzt nicht an die Nordsee. Mit der Frischware ist es deswegen etwas schwierig. Wir nehmen hier direkt nach dem Fang tiefgefrorene, rohe Krabbenbeine.

ZUTATEN

- Königskrabbenbeine (so viel, wie das Herz begehrt!)
- Limette
- Zitrone

Ponzu

- 2 EL Sojasauce
- 1 TL Zitronensaft
- 1 TL Limettensaft
- 1 EL Reisessig
- 4 Stängel Schnittlauch
- Etwas Sesamöl
- Etwas Sriracha

GEBRAUCHT WERDEN

- Grillrost
- Grillzange

ZUBEREITUNG

Vorbereitung

Zum Auftauen die Krabbenbeine in kaltes Wasser legen. Danach mit etwas Öl einreiben. Den Schnittlauch fein schneiden.

Königlich

Den Grill auf 220 °C kräftig einheizen.

ポン酢

Das niederländische Wort pons (übersetzt „Schlag" oder „Stanze"), das heute nicht mehr verwendet wird, ist der Ursprung des japanischen Worts ponzu. Es handelt sich um eine Würzsauce, die sich hervorragend als Dip-Sauce für Königskrabben eignet. Alle Saucenzutaten für Ponzu werden in einer Schüssel gemischt. Wir nehmen das Rezept nicht allzu wörtlich, sondern schauen lieber, was wir dahaben, und bereiten die Sauce nach unserem Geschmack zu. Noch etwas Fischsauce oder gerösteten Sesam hinzufügen und dann heißt es: Ganbatte kudasai bzw. toitoitoi!

Der Rest ist kinderleicht. Den Grillrost möglichst nah über dem Feuer positionieren. Die Krabbenbeine darauf grillen. Auch die ausgepressten Zitronen- und Limettenschnitze solltest du gleich mitgrillen. Färben sich die Krabbenbeine rot? Ready to eat! Ran an die Beine!

Wir servieren dieses königliche Mahl mit den gegrillten Zitronen- und Limettenschnitzen in einer großen Schale.

Wir stellen es mit einer Flasche Sekt oder Champagner auf den Tisch. Prost und guten Appetit!

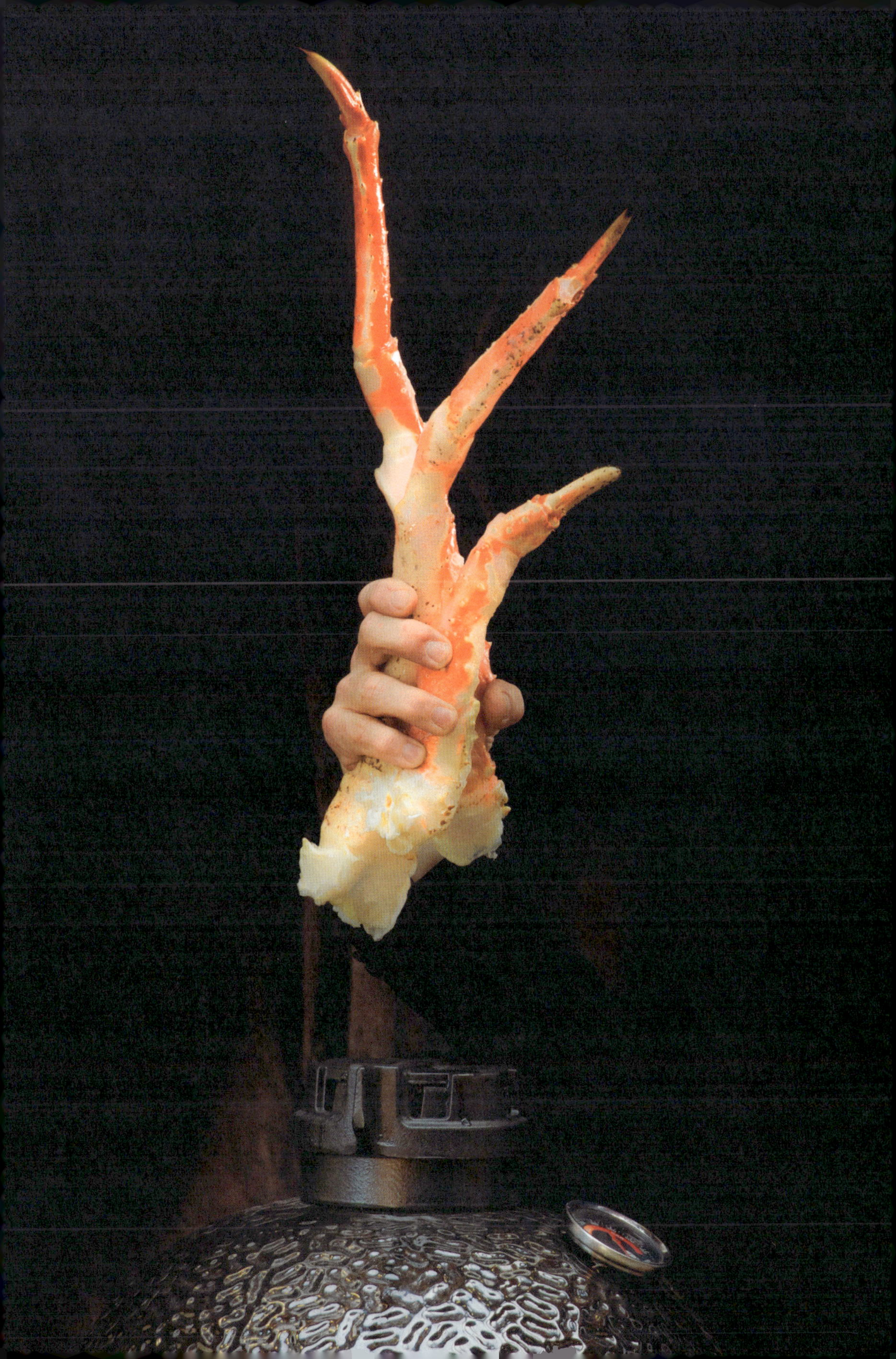

B 02 BAO POW!

125°- 240° INDIREKT | 6-24 ST | 150 MIN | 4 PERS

Immer schön aufs Bauchgefühl hören, muss David Chang wohl gedacht haben, als er sein erstes Momofuku-Brötchen mit Schweinebauch servierte. Wir haben uns von diesem Hit inspirieren lassen. Vor allem Frauen scheinen eine gute Intuition zu haben. Aber ich kenne auch eine Menge Kerle, die stolz auf ihr Fingerspitzengefühl sind. Bauch oder Fingerspitze – egal: Mit unserem Bao-Brötchen plus geräuchertem Bauchspeck liegt man nie falsch!

ZUTATEN

Bauchspeck
- $1^1/_2$ Bauchspeck ohne Schwarte
- 50 g grobes Meersalz
- 50 g Zucker

Gurke
- 1 kleine Gurke
- Wasser
- Essig
- 20 g Zucker

- Bao-Brötchen (tiefgefroren im Asia-Laden)
- 1 Bund Frühlingszwiebeln
- Hoisin-Sauce

GEBRAUCHT WERDEN

- Auflaufform
- Frischhaltefolie
- Küchenkrepp
- Abtropfschale
- Rauchgenerator
- Kernthermometer
- Räucherchips (Apfel oder Kirsche)

ZUBEREITUNG

Vorbereitung

Das Fleisch flach auf dem Bauch in eine Auflaufform legen und mit Zucker und Meersalz einreiben. Den Schweinebauch straff in Klarsichtfolie einpacken und mindestens 6 Stunden kühlen. Es darf auch länger sein, bis zu 24 Stunden.

Feuer frei: Den Grill vorsichtig auf 125 °C vorheizen. Den Schweinebauch auswickeln und die Pökelflüssigkeit ablaufen lassen. Schweinebauch mit Wasser abspülen und danach gründlich mit Küchenkrepp abtrocknen. Zum Auffangen des Fetts aus dem Schweinebauch eine Abtropfschale unter den Rost stellen.

Wo Rauch ist, ist Feuer

Einen Rauchgenerator mit Räucherholz befüllen und aufs Feuer stellen. Den Schweinebauch mit der Fettseite nach oben darauflegen. Etwas Wasser in der Abtropfschale verhindert, dass das Fett in der Abtropfschale Feuer fängt. Feuer ist ja schön und gut, aber nur da, wo man es möchte. Temperatur nach 1,5 Stunden auf 240 °C hinaufschrauben. Es empfiehlt sich, so man gut an die Abtropfschale kommt, gelegentlich mit einem Löffel das aufgefangene Fett über den Schweinebauch zu gießen. Ab jetzt muss gut aufgepasst werden, dass der Speck nicht verbrennt. Nach etwa einer weiteren Stunde ist der Bauchspeck fertig. Dann das Fleisch vom Grill nehmen. Das Fleisch lässt sich am einfachsten schneiden, wenn es völlig erkaltet ist. Wenn das die Geduld auf eine allzu harte Probe stellt: das Fleisch etwas abkühlen lassen und dann das Messer zücken. Den Bauchspeck in etwa 1 cm dicke Scheiben schneiden. Die Gurke in sehr feine Scheiben hobeln und 20 Minuten in Wasser mit 10 g Meersalz und 20 g Zucker legen.

Das Fleisch anschließend auf einem gedämpften Brötchen mit Hoisin-Sauce, einer dünn geschnittenen Frühlingszwiebel und Gurke anrichten. Den geschnittenen Bauchspeck kurz aufwärmen und dann dazugeben.

Alle Bäuche schätzen ein erfrischendes Warsteiner Premium Pilsener als Begleiter.

B 03 RÖSTI

180° DIREKT | 30 MIN | 4 PERS

Bitte zu Tisch! Mit der vielleicht bekanntesten Beilage aus der Schweiz: der Rösti. Aber diesmal servieren wir sie nicht als Beilage, sondern als absoluten Mittelpunkt. Und das gehen wir richtig groß an: mit einer kreisrunden Super-Rösti. Danach haben wir genug Energie, um den Rasen zu mähen oder das Auto zu waschen. Alternativ legen wir uns aufs Sofa und machen eine After-Rösti-Siesta. Na dann los!

ZUTATEN

- 500 g festkochende Kartoffeln, geschält
- 1 Zwiebel
- 1 Ei
- 100 g Butter oder Gänseschmalz
- 200 g Speck in Würfeln
- 200 g geriebener Emmentaler, z. B. Kaltbach Emmentaler

GEBRAUCHT WERDEN

- Reibe
- Gusseiserne Platte oder eine große gusseiserne Pfanne
- Geschirrtuch

ZUBEREITUNG

Vorbereitung

Jetzt heißt es: Kartoffeln reiben. Nicht umsonst nennt man Rösti in Deutschland auch Reibekuchen. Die geriebenen Kartoffeln in einen Topf mit Wasser und etwas Salz geben, damit sie sich nicht verfärben. Das ist wichtig, denn wer will schon eine graue Rösti.

Immer schön wenden

Den Grill anzünden und die Gusseisenpfanne daraufstellen. Gut einheizen. Auch die Zwiebel reiben und zusammen mit den Speckwürfeln in etwas Butter in der Pfanne anbraten. Ist keine große Pfanne zur Hand? Dann kann die Rösti alternativ auch in kleineren Portionen schubweise zubereitet werden. Am besten ist aber, man kauft eine größere Pfanne und gönnt sich die Super-Rösti. Kartoffeln aus dem Wasser nehmen und in einem Geschirrtuch vollständig trocknen. Sind die Speckwürfel knusprig und ist die Zwiebel glasig? Dann beides aus der Pfanne nehmen und mit den Kartoffeln und dem Emmentaler vermischen. Wir verwenden gern den Emmentaler von Kaltbach.

Dieser Duft …

Noch etwas Butter oder Gänseschmalz in der Pfanne zergehen lassen. Die Rösti-Mischung so über den Boden verteilen, dass möglichst viel Kontakt zwischen Metall und Mischung besteht. Den Kartoffelpfannkuchen ab und zu wenden, bis die Masse langsam stabiler wird. Noch etwas Butter oder Schmalz hinzugeben. Sorge dafür, dass die Rösti eine schöne, runde Form hat. Die ganze Sache verlangt etwas Geduld. Also schön Ruhe bewahren. Zwischendurch immer vorsichtig kontrollieren, wie schnell sich der Garvorgang entwickelt. Am Ende soll die Rösti außen goldbraun und knusprig sein, das ist klar. Nach 10 Minuten wenden, noch etwas Butter oder Schmalz zugeben und die andere Seite ebenfalls knusprig braten.

Mit Spiegelei und geriebenem

B 04 IL CARBONATOR

240° INDIREKT | 60 MIN | 60 MIN | 4 PERS

Um eine Pizza auf dem eigenen Grill zu backen, ist ein Kamado der perfekte Steinofen. Einen italienischen Klassiker aus dem eigenen Garten! Dieses Rezept ist als Inspiration zu verstehen, der Kreativität lassen wir freien Lauf. Buon appetito!

ZUTATEN

4 Teigkugeln
- 500 ml warmes Wasser (nicht heiß!)
- 9 g Trockenhefe (1 Beutel)
- 1 TL Zucker
- 600 g Mehl
- 1 TL Salz

Carbonara (2 Pizzen)
- 200 g Crème fraîche
- 1 Knoblauchzehe, gerieben
- 100 g Parmesan
- 1 Kugel Mozzarella, klein geschnitten
- 150 g ausgelassene Speckwürfel
- 2 Eier (nur Eigelb)
- Frisch gemahlener Pfeffer

Quattro Formaggi Stile Svizzero (2 Pizzen)
- 200 g Tomatensauce
- 100 g Emmentaler, z. B. Kaltbach (gerieben)
- 100 g Gruyère, z. B. Kaltbach (gerieben)
- 100 g Appenzeller (gerieben)
- 100 g Käse, z. B. Kaltbach Creamy (Scheiben)
- Frisch gemahlener Pfeffer

GEBRAUCHT WERDEN

- Pizzastein
- Pizzaschieber
- Pizzaschneider
- Küchenmaschine mit Knethaken
- Geschirrtuch oder Frischhaltefolie

ZUBEREITUNG

Vorbereitung
Wasser, Hefe und Zucker in einer Schüssel vermischen. Nach 10 Minuten muss das Ganze schäumen. Nach und nach Wasser zum Mehl geben, auch das Salz hinzufügen. Am besten eignet sich eine Küchenmaschine mit Knethaken, um die Teigzutaten zu vermischen. Sind sie gut vermischt, wird mit den Händen weiter geknetet. Arbeitsfläche mit Mehl bestäuben und schön weiter kneten. Teig in eine Schüssel legen und mit einem feuchten Geschirrtuch abgedeckt 30 Minuten gehen lassen. Ruhe tut immer gut. Die Teigmasse nimmt in der Ruhezeit zu. Der Teig darf nicht austrocknen.
Aus dem Teig vier gleich große Kugeln formen. Arbeitsfläche erneut mit Mehl bestäuben und mit den Fingerspitzen dem Teig tüchtig zu Leibe rücken. Dabei kann man sich ruhig austoben! Gibt man in der Suchmaschine 'How to hand stretch dough' ein, sieht man: Das sind fünf gut investierte Minuten.

Carbonara
Knoblauch und Pfeffer durch die Crème fraîche rühren. Den Pizzaboden damit reichlich bedecken. Mit Parmesan, Speck und Mozzarella belegen. Eier vorsichtig aufschlagen und das Eigelb auf die Pizza gleiten lassen. Ab auf den Grill! Die Pizza um 90 Grad drehen und mit einer Gabel das Eigelb aufstechen.

Quattro Formaggi Stile Svizzero
Alle Käsesorten separat reiben. Den Pizzaboden gut mit Tomatensauce bestreichen. Pizza mit geriebenem Emmentaler, Gruyère und altem Käse bestreuen. Dabei den drei Käsesorten jeweils ein eigenes Pizzadrittel zuweisen und die ganze Pizza mit dem Kaltbach Creamy belegen und mit frisch gemahlenem Pfeffer würzen. Das klingt nach Käse pur, und das ist es auch!

Jetzt den Grill anfeuern
Jetzt ist es an der Zeit, dem Grill so richtig einzuheizen. Der Pizzastein muss sehr heiß sein. Das braucht seine Zeit – mindestens 30 Minuten. Pizza erst belegen, wenn sie auf dem Pizzaschieber liegt. Mit einer kurzen, kräftigen Bewegung die Pizza auf den Stein schieben. Sorge dafür, dass es fotografisches Beweismaterial gibt, falls das schiefgeht. Die Pizza nach 45 Sekunden um 90 Grad drehen. Etwa 5 bis 10 Minuten später ist die Pizza fertig.

B 05 GOLDIGE BRASSE

200° DIREKT | 60 MIN | 4 PERS

Der Grill ist traditionsgemäß Männersache. Das hat wohl mit Fleisch und Feuer und unserer Vergangenheit zu tun. Das heißt aber nicht, dass Frauen nicht auch Freude an der Sache haben. Und dieser Rauchgeruch ist für alle unwiderstehlich. Schließlich waren wir ja früher alle einmal Jäger und Sammler, die sich rund ums lodernde Feuer versammelt haben. Die Goldbrasse eignet sich hervorragend für den Grill. Der Fisch behält dabei sein volles, fleischiges Aroma.

ZUTATEN

- 2 frische Goldbrassen, je 800 g
- 1/2 Zitrone
- 1/2 Limette
- 2 Zweige Petersilie
- 1 Zweig Thymian
- 1 Zweig Rosmarin

Tomatensalsa
- 800 g Tomaten
- 1 Zwiebel
- 1 Knoblauchzehe
- 20 g Basilikum
- 2 g Petersilie
- 2 g Schnittlauch
- 3 g Frühlingszwiebel
- 40 g Kapern
- 40 g Taggiasche-Oliven, entsteint
- 40 g grüne Oliven, entsteint
- 10 ml Kräuteressig
- 50 ml gutes Olivenöl
- Salz und Pfeffer

Flatbread
- 2 EL griechischer Joghurt
- 6 EL Mehl mit Backpulver
- 2 EL Öl
- 1 TL Salz

GEBRAUCHT WERDEN

- Fischhalter
- Teigroller
- Kernthermometer

ZUBEREITUNG

Vorbereitung
Wichtig ist, dass die Fische entschuppt und von innen sauber sind. Das kann auch der Fischhändler gleich übernehmen.

Tomatensalsa
Die Tomaten vierteln und entkernen, die Zwiebel klein würfeln und die Knoblauchzehe fein hacken. Die Taggiasche-Oliven ganz lassen, die grünen in Ringe schneiden. Die Basilikumblätter in Streifen schneiden, ebenso den Schnittlauch und die Petersilie fein hacken. Die Frühlingszwiebel schneiden. Die Salsa anschließend mit etwas Olivenöl, den Kapern und dem Essig vermischen. Mit Salz und Pfeffer abschmecken.

Yearning for burning
Gut gefüllte Goldbrasse
Die Brassen mit Olivenöl und Salz einreiben, dabei auch die Bauchhöhlen nicht vergessen. Die Bäuche mit Petersilie, Thymian, Rosmarin und Zitronenscheiben füllen. Die Fische auf beiden Seiten einen halben Zentimeter einkerben und mit Zitrone bestücken. Danach kommen die Fische über dem Hitzeschild auf den Grill. Wir verwenden dazu gern einen Fischhalter, damit die Fische nicht am Rost kleben bleiben. Mit etwa 10 Minuten pro Seite muss man rechnen, je nach Größe und Gewicht der Fische. Eine Kerntemperatur von 60 °C ist perfekt.

Flatbread-Finesse
Die Brotzutaten kommen alle in eine Schüssel und werden zu einem Teig verknetet. Etwas Mehl zugeben, falls der Teig feucht bleibt. Den Teig in vier gleiche Teile zerteilen und die Arbeitsfläche mit Mehl bestäuben. Alle Teigteile dünn ausrollen. Das Flatbread muss zwar flach sein, sollte aber mindestens einen halben Zentimeter dick sein, da es sonst beim Grillen zerbricht. Das Flatbread legen wir 2 bis 3 Minuten pro Seite auf den Grill. Die Goldbrassen werden mit Brot, Joghurt und Tomatensalsa serviert.

B 06 HEIẞE AUSTERN

200° DIREKT | 30 MIN | 4 PERS

Über Austern wurden schon ganze Bücher geschrieben. Aber gegrillte Austern sind eine ganz besondere Spezies. Für das Rezept mit Schwarze-Bohnen-Tapenade ließen wir uns ein bisschen von den berühmten „Austern von Nam Kee" inspirieren. Warnung: Austern sind auch bekannt für ihre stimulierende Wirkung. Wir übernehmen hiermit ausdrücklich keinerlei Haftung für etwaige Folgen. Aber man sollte genau überlegen, wen man einlädt ...

ZUTATEN

- 16 Austern
- Butter
- 1 Knoblauchzehe
- Frisch gemahlener Pfeffer
- 1 Frühlingszwiebel

Tapenade

- 6 EL fermentierte, schwarze Bohnen (getrocknet)
- 4 Knoblauchzehen
- 2 EL frischer Ingwer
- 4 Frühlingszwiebeln
- 1 Tasse Hühnerbouillon
- 4 EL Reiswein
- 2 EL Sojasauce
- 2 EL Zucker
- 1 TL Naturessig
- 2 TL roter Pfeffer oder Sambal Oelek
- $1\frac{1}{2}$ TL Maisstärke

GEBRAUCHT WERDEN

- Gusseiserner Wok
- Grillzange
- Gusseiserner Stieltopf

ZUBEREITUNG

Vorbereitung
Nachdem die fermentierten Bohnen eine Stunde in kaltem Wasser einweichen konnten, werden sie gut abgespült und haben Zeit zum Abtropfen. Mit einer Gabel zerdrücken wir sie anschließend gnadenlos. Jetzt müssen wir nur noch 2 EL Ingwer reiben, 4 Frühlingszwiebeln fein schneiden und die Knoblauchzehen fein hacken. Keine Zurückhaltung! Es wird ohnehin eine Power-Sauce.

Knoblauch, Ingwer und Frühlingszwiebeln braten wir im Wok an, fügen die Bohnen hinzu und rühren alles einige Minuten lang. Bouillon, Reiswein, Sojasauce, Zucker, Essig und den roten Pfeffer bzw. Sambal Oelek auch in den Wok geben und kräftig rühren. Das Ganze muss nun 10 Minuten köcheln, damit die Flüssigkeit etwas einkochen kann. Jetzt ist es an der Zeit, die Maisstärke zuzufügen. Sie bindet die Tapenade und macht sie dickflüssiger. Nach dem Abkühlen lässt sich die fertige Tapenade zwei Wochen lang im Kühlschrank aufbewahren.

Keine Angst vor der Muschel
Den Deckel des Grills geöffnet lassen und die Temperatur auf 200 °C hochschrauben. Die gekühlten Austern öffnen und säubern. Wie das funktioniert? Das Internet ist dein Freund. In einer gusseisernen Pfanne wird die Butter zerlassen. Den Pfeffer und eine gepresste Knoblauchzehe in die Butter geben. Bei 200 °C landen die Austern auf dem Rost. Wenn die Flüssigkeit anfängt zu kochen, geben wir die Butter hinzu. Sobald die Butter kocht, sind die Austern perfekt gegart. Jetzt nur noch die Flüssigkeit abgießen.

Um die Austern in der Schale drapieren wir die Bohnen-Tapenade. Vorsichtig einen Ring Frühlingszwiebeln und einen Ring roten Pfeffers darübergeben. Der Rest liegt in deinen Händen.

Bier-Begleitung: König Ludwig Weizen.

B07 FLANKY GOES TO HOLLYWOOD

280° DIREKT | 24 ST | 30 MIN | 4 PERS

Und der Oscar in der Kategorie ‚Beste Hauptrolle' geht an ... das Flankensteak! Ein Flankensteak ist ein wunderbar marmoriertes Stück Fleisch, das sich hervorragend für die Grillbühne eignet. Wir bereiten es zur Premiere in einer Superslow-Marinade zu – für einen noch zarteren und aromatischeren Auftritt.

ZUTATEN

- 4 Flankensteaks
- 8 Tortillas
- 3 Frühlingszwiebeln
- 1 dl Orangensaft
- Papayasauce „The Bastard"
- Salz und Pfeffer

Zitrusmarinade
- 2 Limetten
- 2 Zitronen
- 2 Orangen
- 3 Knoblauchzehen
- 1 TL Chilipulver
- 1 TL Paprikapulver
- 1/2 TL Zimt, gemahlen
- 2 EL Öl

Rote Salsa
- 3 Roma-Tomaten
- 2 Tomatillos
- 3 rote Chilischoten
- 1 Bund frischer Koriander
- 2 Knoblauchzehen
- Wasser

GEBRAUCHT WERDEN

- Gusseiserner Rost
- Grillzange
- Kernthermometer
- Aluminiumfolie
- Gusseisentopf

ZUBEREITUNG

Vorbereitung

Zitrusmarinade

Gleichgewicht ist lebenswichtig. Aus dem Saft und der abgeriebenen Schale der Limetten, Zitronen und Orangen bereiten wir eine Marinade zu. Diese geben wir in eine Schüssel und fügen 3 gepresste Knoblauchzehen, 1 TL Paprikapulver, 1 TL Chilipulver, 2 EL Olivenöl und einen halben TL Zimt hinzu. Das Ganze wird gut vermischt. Mit Salz und Pfeffer abschmecken.

Die Steaks kommen in eine Schale, dort werden sie mit der Zitrusmarinade vermischt und dem Orangensaft übergossen. Das marinierte Fleisch darf jetzt 24 Stunden lang im Kühlschrank ruhen.

Rote Salsa

Die Roma-Tomaten grob würfeln und rösten. Auch die Tomatillos (diese wachsen übrigens in Luftballons!) würfeln und unter die Tomaten mischen. Die Chilischoten und den Koriander fein schneiden, die Knoblauchzehen pressen. Dies alles geben wir zu den Tomaten und Tomatillos. Mit etwas Wasser zu einer swingenden Salsa vermischen.

Gestreiftes Grillglück

Die Tortillas grillen wir in einer gusseisernen Pfanne. Grillt man die Steaks auf einem Gusseisenrost, erhalten sie die schönsten Grillstreifen. Aber erst muss der Rost gut aufgeheizt werden, bevor wir das Fleisch darauflegen. Ein Flankensteak ist relativ flach. Also dürfen wir beide Seiten nicht mehr als 3 Minuten grillen, bis sie eine Kerntemperatur von 48–50 °C erreicht haben. Die Steaks ruhen danach 10 Minuten lang unter Folie, dürfen darin aber nicht eingewickelt werden! Das Fleisch in Streifen schneiden und die Tortillas damit belegen. Jetzt müssen wir sie nur noch mit einem kleinen Streifen Sauce bestreichen und mit in Ringen geschnittener Frühlingszwiebel umgeben, bevor wir die Tortilla zusammenfalten. Fertig!

Tipp: Einige gegrillte Gemüsestreifen nach Wahl dazu reichen. Ein filmreifes Resultat!

Aangenaam kennismaken

B 08

FEURIGER NUSS-MIX

165° INDIREKT

50 MIN

#Foodporn. Dieser Nuss-Mix hat das Potenzial, ein echter Instagram-Hit zu werden. Wir finden den Mix hammergeil, denn hiermit erreicht man das Glück, nach dem man sich schon immer gesehnt hat. Es ist nämlich sowohl ein ganz leckeres als auch ein Instagram-fähiges Gericht. Der Erfolg ist mit unserer Thai-Nussmischung garantiert! Das Geheimnis ist: lange und kräftig rösten – bis sich das unwiderstehlche, reiche Aroma entwickelt hat.

ZUTATEN

- 250 g rohe Cashewnüsse
- 100 g Kürbiskerne
- 100 g Sonnenblumenkerne
- 200 g Erdnüsse
- 75 g Ingwer
- 2 Knoblauchzehen
- 1 Schuss Fischsauce
- 1 EL rote Currypaste
- 75 g Kokosöl
- 80 g brauner Rohrzucker
- 10 Limettenblätter (frisch oder tiefgekühlt)

GEBRAUCHT WERDEN

- Grillmatte/große Abtropfschale/ Backpapier
- Holzchips
- Tube Smoker

ZUBEREITUNG

Vorbereitung
Den Ingwer schälen und so fein wie möglich schneiden. 2 Knoblauchzehen klein würfeln. Musik gefällig? „Nutbush City Limits" von Ike & Tina Turner hat einen positiven Einfluss auf den Geschmack.

Die Mischung macht's
Jetzt ist der Moment gekommen, den Grill anzuzünden und den Tube Smoker mit Holzchips aufs Feuer zu legen. Das Kokosöl in einem großen Topf zerlassen und die rote Currypaste hinzugeben – to spice things up. Nun kommen der Ingwer und Knoblauch hinzu und werden geröstet, bis sie sich langsam bräunen. Zucker, Nüsse und Kerne in den Topf geben und einen Schuss Fischsauce angießen.

Die Nüsse und Kerne großzügig auf der Fläche verteilen. Dafür ist entweder eine Grillmatte, Backpapier oder eine große Abtropfschale ideal. Die Mischung für ca. 25 Minuten rösten. Dabei regelmäßig rühren und wenden.

Während die Mischung kurz abkühlt, kann man die Limettenblätter in dünne Streifen schneiden. Diese werden anschließend über dem Nuss-Mix verteilt.

Dieser Mix passt unwahrscheinlich gut zu einer eiskalten, erfrischenden, mild-bitteren Warsteiner Königin.

B 09 BALL OF FAME

200° INDIREKT | 60 MIN | 4 PERS

Hackbällchen haben etwas Heimeliges. Auf Holzkohlenfeuer gebraten werden sie jedoch von einem rauchig-wilden Twist umhüllt. Der Variationsvielfalt sind keine Grenzen gesetzt: Hackbällchen mit Tomatensauce und Nudeln, auf der Pizza, im Brötchen, einfach so als Häppchen oder im Speckmantel gebraten. Amerikanisch, asiatisch, europäisch. Und nicht unwichtig: Kinder mögen es, Hackbällchen zu formen. Selbst gerollt schmeckt es eben viel besser!

ZUTATEN

- 500 g Rinderhackfleisch
- 500 g Schweinehackfleisch
- 2 Scheiben Weißbrot
- 25 ml Milch
- 1 Knoblauchzehe
- 150 g Parmesan
- Salz
- Pfeffer
- 4 Brötchen
- Petersilie
- Tomatensauce

GEBRAUCHT WERDEN

- Eine Handvoll Räucherchips
- Backblech
- Räucherbox oder Tube Smoker

ZUBEREITUNG

Vorbereitung
Das Weißbrot entrinden und ca. 10 Minuten in Milch einweichen. Die Knoblauchzehe pressen und den Parmesan reiben.

Hackfleisch (Hack aus Schweine- und Rindfleisch ist himmlisch!), Knoblauch, Parmesan, eingeweichtes Brot, Salz und Pfeffer in eine Schüssel geben und gut verkneten. Runde Bällchen von ca. 50 g formen und auf ein Backblech legen. Im Kühlschrank aufbewahren – dort bleiben sie kompakter. Ist die Fleischmasse zu nass? Dann etwas Paniermehl dazugeben.

So wird's gemacht
Alle Bälle im Einsatz
Eine runde Temperatur von 200 °C ist gut für die Bällchen. Eine Handvoll Räucherholz auf die brennenden Kohlen werfen, alternativ verwenden wir eine Räucherbox oder einen Tube Smoker. Die Hackbällchen braten auf dem Backblech 8–10 Minuten. Um festzustellen, ob sie gar sind, greifen wir uns einfach ein Bällchen.

Die Hackbällchen werden in den Brötchen mit Tomatensauce serviert. Mit etwas Petersilie garnieren: Voilà, fertig ist der „Ball of Fame!

Bier-Begleitung: Dazu passt ein Warsteiner Premium Pilsener.

LET'S MAKE
OVER ROOK
WORST
MEATHEAD

B 10 DER PATE

180° DIREKT | 50 MIN | 30 MIN | 6 PERS

„Ich mache ihm ein Angebot, das er nicht ablehnen kann." Lasagne nämlich. „Ein Mann, der keine Zeit mit seiner Familie verbringt, ist kein richtiger Mann." Stimmt, und wir haben es hier ja mit einem Rezept für eine italienische Familie zu tun. Also: „Hör auf zu heulen und sei ein Mann!" Und koch Lasagne. Denn: Lasagne ist alles. „Lasagne ist mehr als Talent. Sie ist mehr als die Regierung. Sie ist fast ebenso viel wie die Familie. Vergiss das nicht. Wenn sie kommen, nehmen sie dir, was du liebst."

Don Vito Corleone

italienische Familie

ZUTATEN

Ricottamischung

- 1 Ei
- 500 g Ricotta

Hackmischung

- 225 g italienische Wurst (Chipolata)
- 300 g Rinderhackfleisch
- 1 rote Zwiebel
- 3 Knoblauchzehen

Tomatenmischung

- 2 x 425 ml Tomaten aus der Dose, gewürfelt
- 70 g Tomatenmark
- 150 ml Hühnerbouillon
- 40 g glatte Petersilie
- 2 TL Basilikum
- $\frac{1}{2}$ TL Fenchelsamen, gemahlen
- 1 TL Salz
- $\frac{1}{2}$ TL Pfeffer, grob gemahlen

- 9 Lasagneblätter
- 4 x 125 g Mozzarella
- 150 g Parmesan

GEBRAUCHT WERDEN

- Gusseiserne Bratpfanne
- Schmortopf/Dutch Oven (L) oder große Auflaufform

ZUBEREITUNG

Vorbereitung

„Es gibt Dinge, die getan werden müssen, und man tut sie und spricht nicht darüber. Man versucht nicht, sie zu rechtfertigen. Man kann sie nicht rechtfertigen. Man tut sie einfach. Und dann vergisst man sie." In diesem Sinne: rote Zwiebel, Knoblauch und Petersilie fein schneiden. Mozzarella in Stücke reißen. Parmesan reiben, bis er um Gnade fleht. Ei und Ricotta in einer Schüssel verrühren. *„Freundschaft und Geld, das ist wie Öl und Wasser!"* Aber Ei und Ricotta mögen sich dagegen sehr. Die Lasagneblätter laut Packungsanweisung vorkochen.

So wird's gemacht

„Ich habe ihm ins Ohr gebissen." Nicht so schnell mit dem Zubeißen, sondern erst den Grill gut vorheizen. Die Chipolata in kleine Stücke schneiden und zusammen mit dem Rinderhackfleisch und der Zwiebel ca. 10 Minuten in einer Pfanne anbraten. Sobald das Fleisch anfängt sich zu bräunen, geben wir Knoblauch hinzu und braten das Ganze noch etwa 2 Minuten weiter. Danach ist es an der Zeit, das Fleisch abzugießen. Das Fett bewahren wir separat auf. Die gewürfelten Tomaten, Tomatenmark, Hühnerbouillon, Petersilie, Basilikum, Fenchelsamen, Salz und Pfeffer in den Schmortopf/Dutch Oven geben. Sobald das Ganze kocht, darf es noch 30 Minuten köcheln und wird ab und zu umgerührt.

„Die Familie muss immer zusammenhalten." Genau. Deshalb: Den Grill auf 180 °C stellen. Eine große, am besten längliche Auflaufform mit dem Fett aus dem Hackfleisch bestreichen. Die Lasagne folgendermaßen aufschichten: Auf den Boden kommt eine Schicht Tomatenmischung, darauf verteilen wir 3 Lasagneblätter. Darüber kommt 1/3 der Hackmischung und 1/3 der Ricottamischung. Darauf wiederum gesellen sich 1/3 vom Mozzarella und 50 g Parmesan. Diesen Vorgang noch zweimal wiederholen.

Die Lasagne ± 30 Minuten auf dem Grill garen. *„Habe Hunger ... wo zum Teufel ist der Esel?"* Wir haben leider kein Eselfleisch heute. Dafür: *„Die Kanone bleibt drin. Die Pistole – äh, Lasagne – kannst du mitnehmen!"*

B11 ROTER KNURRHAHN

> 250° DIREKT | 30 MIN | 4 PERS

Am vierten Tag erschuf Gott die Meerestiere. Der Knurrhahn wurde dabei, was Schönheit angeht, nicht gerade reichlich bedacht. Tatsächlich ist er einer der hässlichsten Fische überhaupt – nicht aber im Geschmack, denn er ist ein sehr beliebter Speisefisch. Ein zusätzlicher Pluspunkt ist, dass er nicht so schnell auseinanderfällt. Und er kann tatsächlich knurren. Nämlich mit seiner Schwimmflosse!

ZUTATEN

- 4 rote Knurrhähne, küchenfertig
- 4 Zweige Rosmarin
- 2 EL Öl
- 2 TL Currypulver
- 2 Orangen, in halben Scheiben

- Schalottenkompott
- 2 EL Butter
- 2 EL Öl
- 400 g Schalotten
- 2 rote Zwiebeln
- 1 Knoblauchzehe
- 1 EL brauner Zucker
- 2 EL Weißwein
- 2 EL Balsamessig
- 1 ganze Sternanis

GEBRAUCHT WERDEN

- Gusseiserne Pfanne
- Fischhalter
- Küchenkrepp
- Kernthermometer

ZUBEREITUNG

So wird's gemacht
Heiß, heißer, am heißesten: Der Grill muss glühen. Am besten so um die 250 °C.

Schalottenkompott
Die Butter und das Öl in der Gusseisenpfanne erhitzen und die halbierten Schalotten und roten Zwiebelringe anschwitzen, ohne sie zu bräunen. Den gepressten Knoblauch, braunen Zucker, Weißwein, Balsamessig und Sternanis zugeben und alles 15 Minuten köcheln lassen. Das Kompott abkühlen lassen. Den Sternanis entfernen.

Heute ist Knurren angesagt
Die verdutzt dreinschauenden Knurrhähne mit kaltem Wasser abspülen. Da knurren die Fische vor Vergnügen. Danach mit Küchenkrepp trockentupfen. Die Fische an der Bauchseite etwas weiter aufschneiden und die Bäuche mit den Rosmarinzweigen füllen. Die Knurrhähne mit Öl bestreichen und mit Pfeffer, Salz und Currypulver bestreuen. Die Fische beidseitig drei Mal diagonal einritzen und die Ritzen mit den Orangenscheiben bestücken.

Manche mögen's heiß
Die Fische in einem Fischhalter fixieren und diesen auf den heißen Grill legen. Die Knurrhähne sind in 10–12 Minuten fertig, die Halter sollten nach der Hälfte der Zeit umgedreht werden. Eine Kerntemperatur von 62 °C ist ideal. Was für ein Genuss! Also unbedingt öfter mal Knurrhahn essen!

Zu den gegrillten Fischen passt das Schalottenkompott ausgezeichnet. Dazu gibt es rustikales Brot und einen guten Weißwein.

CRATE
GOODS

B 12 HIMMLISCH-UND HÖLLISCH GUT

110° INDIREKT 175° DIREKT | 120 MIN | 45 MIN | 4 PERS

Seine letzten Momente waren himmlisch. Durch das helle Licht wurde ihm angenehm schwindlig. Die schwül-nächtlichen Düfte, das hypnotisierende, immer lauter werdende Gebrumm eines V6-Motors. „Geh nicht ins Licht", hörte es noch. Manche meinen, dass Pulled Chicken auf totgefahrene Mistkratzer zurückgeht, die so lange gekocht wurden, bis das Fleisch ganz auseinandergefallen war. Kann schon sein. Ganz sicher ist allerdings, dass das Hühnchen so seine Vorteile hat. Es schmeckt einfach höllisch gut, und die Zubereitung dauert nicht so lange wie die vom fetteren Pulled Pork.

ZUTATEN

- 2 ganze Freilandhühner oder 2 kg Hähnchenschenkel (mit Haut und Knochen)
- 40 g Meersalz
- 6 EL Lieblingsgrillsauce
- 12 Pita-Brötchen
- 2 Tomaten
- 1 Gurke

Gewürzmischung
- 100 g Rohrzucker
- 100 g weißer Zucker
- 50 g Paprikapulver
- 25 g Knoblauchpulver
- 2 EL frisch gemahlener Pfeffer
- 2 EL Ingwerpulver
- 2 EL Zwiebelpulver
- 2 EL getrockneter Thymian

GEBRAUCHT WERDEN

- Rauchgenerator
- Fleischkrallen
- Kernthermometer
- Räucherchips aus Kirschholz

ZUBEREITUNG

Vorbereitung
Hühnerfleisch in Stücke schneiden und dabei die Haut vorsichtig abziehen. Die Haut wird separat gegrillt, damit sie schön knusprig wird.

Gut würzen
Eine gute Gewürzmischung ist die halbe Miete. Alle Gewürze für die Mischung in einer Schüssel vermengen. Hühnerfleisch mit Meersalz bestreuen und zwei Stunden im Kühlschrank ruhen lassen. Dann das Salz wieder abreiben und das Fleisch reichlich mit der Gewürzmischung bestreuen. Den Rest in einem verschlossenen Behälter bis zum nächsten Mal aufbewahren. Zum Beispiel bis übermorgen ...

So wird's gemacht
Nun wird richtig eingeheizt!
Zeig dem Grill, wer der Grillmeister ist. Das Kirschräucherholz landet in einem Rauchgenerator auf den Kohlen. Die Fleischstücke kommen auf das Grillgitter und werden dort indirekt bei 110 °C gegart, bis die Kerntemperatur des Huhns 62 °C beträgt.

Und jetzt Gas geben
Grill auf direktes Grillen umstellen und das Huhn bei ± 175 °C grillen, bis die Haut knusprig ist und das Huhn eine Kerntemperatur von ± 72 °C aufweist. Jetzt kommt's! Das Huhn vom Grill nehmen, alle Knochen entfernen und das Fleisch mit zwei Fleischkrallen oder zwei Gabeln auseinanderrupfen. Inzwischen die Pita-Brötchen kurz auf den Grillrost legen und nach ein paar Minuten wenden. 6 EL Grillsauce zum Hühnerfleisch geben und die knusprige Haut darüber zerkrümeln. Gurke und Tomate würfeln und zusammen mit dem Pulled Chicken in ein aufgeschnittenes Pita-Brötchen geben. Dieses himmlische bzw. höllisch gute Huhn lässt man sich doch gern schmecken!

B 13 MAIS & WACHTELEIER

180° DIREKT | 45 MIN | 4 PERS

Mais und Wachteleier: eine ungewöhnliche Kombi, aber unwiderstehlich. Mais und Grill dagegen sind von jeher ein unschlagbares Duo. Die getüpfelten Wachteleier bilden das Tüpfelchen auf dem i. Sie enthalten übrigens eine Menge Vitamin B und Eisen. Geschmack und Gesundheit auf einen Schlag. Was will man mehr?

ZUTATEN

- 4 Maiskolben
- 1 grüne Paprika
- 1 rote Paprika
- 1 Jalapeño-Schote, in Scheiben
- 12 Wachteleier

Mayonnaise
- 1 Schalotte
- Mayonnaise (mit Joghurt)
- Olivenöl
- milder Senf
- Salz
- Pfeffer (oder Chiliflocken, wenn Sie´s schärfer mögen)
- Kopfsalat, gewaschen und getrocknet
- Petersilie
- 2 Limetten

GEBRAUCHT WERDEN

- Gusseiserner Rost
- Grillzange
- Poffertjes-Pfanne

ZUBEREITUNG

Vorbereitung
Superschnell
Manchmal kann alles ganz schnell gehen. Den Mais mit Olivenöl einreiben und mit Pfeffer und Salz bestreuen. Die Paprikas in grobe Stücke schneiden.

Die Mayonnaise mit der fein gehackten Schalotte, einem Schuss Olivenöl, einem Esslöffel Senf und Pfeffer vermischen.

So wird's gemacht
Gemüse-Zweierlei
Den Maiskolben und die Paprika ca. 10–15 Minuten über direktem Feuer grillen, bis sie Grillspuren bekommen. Abkühlen lassen. Den Paprika klein würfeln. Der Maiskolben wird senkrecht in eine stabile Schüssel gestellt, mit einem Messer lassen sich die Maiskörner lösen. Eine Schüssel nimmt man deshalb, weil sonst die Körner im Garten umherfliegen.

Inzwischen Poffertjes-Pfanne erhitzen und die Maiskörner und Paprikawürfel in einer Schüssel mischen. Mit einem Tuch oder Pinsel die Mulden der Poffertjes-Pfanne einfetten und jeweils ein Wachtelei hineingeben. Sieht gut aus, was? Wenn keine spezielle Poffertjes-Pfanne vorhanden ist, kann man evtl. auch eine Muffin-Pfanne verwenden oder die Eier auf einer flachen Grillfläche backen.

Servieren kann man lernen
Mais und Paprika mit Kopfsalat hübsch auf den Tellern anrichten, einen Streifen Mayonnaise dazumalen. Die gebratenen Wachteleier malerisch drumherum drapieren.
Den Duft tief einatmen und das Gericht mit fein gehackter Petersilie bestreuen. Als Kontrast die Teller noch mit zwei Limettenschnitzen verzieren.

Ein leckeres, vegetarisches Schmankerl!

B 14 ZWIEBELTARTE

200° DIREKT | 60 MIN | 6 PERS

Zwiebeln sind seltsame Gesellen. Man nähert sich ihnen mit einem Messer, und schon rollen einem die Tränen übers Gesicht. Und eine halbe Zwiebel auf dem Nachtschränkchen soll gegen eine verstopfte Nase helfen. Aber ich habe einen viel besseren Verwendungszweck. Anstatt einer Tarte Tatin mit Obst machen wir eine salzige Variante, mit Zwiebeln. Bei diesem vegetarischen Zwiebelkuchen wird keiner die Nase rümpfen.

ZUTATEN

- 20 Schalotten
- 2 EL Butter
- 100 ml Weißwein
- 6 Zweige frischer Thymian
- ½ Blätterteigrolle
- 75 g weicher Ziegenkäse
- Pfeffer
- Salz

Balsamessig-Sirup

- 2 EL Kristallzucker
- 3 EL dunkler Balsamessig
- 2 EL Butter

GEBRAUCHT WERDEN

- Auflaufform
- Kleiner Stieltopf
- Pfanne oder Kuchenform (Ø 20/22 cm)
- Gusseiserner Topf

ZUBEREITUNG

So wird's gemacht

Zunächst den Grill auf 200 °C vorheizen. Die Schalotten der Länge nach halbieren und schälen. Dabei darauf achten, die Unterseite intakt zu lassen, damit die Schalotten nicht auseinanderfallen. Die Zwiebelhälften zusammen mit einer großzügigen Portion Butter in eine gusseiserne Pfanne geben. Der Weißwein löscht erst alles zischend ab und wird danach komplett zugegeben. Mit Pfeffer und Salz würzen. Die Schalotten 25–30 Minuten schmoren, bis sie weich sind und anfangen, sich zu bräunen.

Balsamessig-Sirup

Zucker und 3 EL Balsamessig in einen gusseisernen Stieltopf geben und auf dem Feuer zum Kochen bringen. Alles ohne zu rühren 2–4 Minuten köcheln lassen, bis sich der Zucker aufgelöst hat und die Mischung zähflüssig wird. Butter unterrühren und den Topf vom Feuer nehmen.

Schalotten mit der Schnittseite nach oben auf dem Boden anordnen und mit dem Balsamessig-Sirup übergießen. Wichtig ist, dass die Zwiebeln dicht an dicht im Topf liegen. Ist dies erledigt, wird der Thymian entstielt und der größte Teil der Thymianblätter über die Schalotten gestreut. Die Unterseiten der Schalotten abschneiden.

Aus dem Blätterteig einen Kreis ausschneiden, der etwas größer ist als die Auflaufform. Mit einer Gabel ein paar Mal in den Teig stechen. Den Teig nun über die Schalotten legen und die Teigränder vorsichtig um die Zwiebeln herum fixieren. Die Zwiebeltarte bäckt jetzt 35 Minuten, bis sie gar ist. Sollte der Teig zu früh braun werden, deckt man die Tarte mit Aluminiumfolie ab.

Kurz abkühlen lassen, bevor die Tarte schwungvoll-elegant auf einen großen Teller gestürzt wird. Mit zerkrümeltem Ziegenkäse und einigen Thymianzweigen garnieren.

15

LAMMBARBER

200° DIREKT | 120 MIN | 60 MIN | 4 PERS

Ein echtes Frühlingsduo: Lamm und Rhabarber. Rhabarber ist ein süßsaures Gemüse mit einem ganz charakteristischen Geschmack. Dieser bildet einen schönen Kontrast zum würzig-salzigen Aroma von Lamm- und Kalbfleisch und Speck.

ZUTATEN

Rhabarber

- 500 g Rhabarber
- 4 Zweige Thymian
- 4 EL Zucker

Lammkrone

- 2 Lammkronen
- 2 Knoblauchzehen, gepresst
- 3 Zweige Thymian
- 4 EL Olivenöl
- 1 EL Paprikapulver
- 2–3 Zweige Rosmarin
- Frühstücksspeck

Kalbshackfleisch

- 250 g Kalbshackfleisch
- Petersilie
- 1 TL Zimt, gemahlen
- Pfeffer
- Salz
- 1 Ei, verquirlt
- 1 Portobello-Pilz, in Stücken
- 1 grüne Jalapeño-Schote

GEBRAUCHT WERDEN

- Kochbindfaden + Nadel
- Aluminiumfolie
- Kernthermometer
- Gusseiserne Schale oder Auflaufform

ZUBEREITUNG

Vorbereitung

Das ist schon mal einfach: Die Rhabarberstängel braucht man nicht zu zerkleinern. Nur 3-4 cm oben und unten abschneiden und kurz abwaschen. Die dicken Stängel der Länge nach halbieren und alle Stängel in 15 cm lange Stücke schneiden. Den Rhabarber auf eine gusseiserne Platte oder in eine Auflaufform legen, darüber verteilen sich die Thymianblätter und der Zucker.

Die Lammkronen gut säubern. Es muss ja auch gut aussehen, oder? Mit einer Mischung aus Knoblauch, Öl, Thymianblättern und Paprikapulver marinieren. In Aluminiumfolie einwickeln und im Kühlschrank etwas ziehen lassen.
Das Hackfleisch mit der fein gehackten Petersilie, dem Zimt, dem Portobello-Pilz und dem Jalapeño in Stücken (ohne Samen) zu einer gleichmäßigen, kompakten Masse verarbeiten. Und das Ei nicht vergessen! Noch einmal gut mischen und beiseitestellen (nicht in den Kühlschrank).
Knochenarbeit: Die Lammkronen aus dem Kühlschrank nehmen und von innen nach außen zu einem Halbmond biegen (Fleisch ist nach innen gerichtet). Die Fleischenden schräg abschneiden. Den Kochbindfaden zwischen den ersten und zweiten Knochen führen, um die beiden Halbmonde miteinander zu verbinden. Die Außenseite mit Frühstücksspeck abdecken und das Ganze mit Kochbindfaden umwickeln, sodass eine schöne, runde Krone entsteht. Die Knochen müssen nach außen gebogen sein. Die Krone auf Aluminiumfolie stellen und so viel Folie abschneiden, dass sie das Lamm bedeckt. Ein Loch in die Folie machen, in das das Hackfleisch gefüllt wird. Sowohl unten als auch oben mit Hackfleisch füllen. Fest andrücken, damit alles gut fixiert ist. Rosmarin zwischen die Knochen stecken.

So wird's gemacht

Rhabarber auf dem heißen Grill in ±15 Minuten garen.
Fleisch auf den Grill stellen. Mit einer Kerntemperatur von 55 °C ist das Lammfleisch normalerweise früher fertig. Kalbshackfleisch ist bei 70 °C gar. Am besten wird das Lammfleisch mit Aluminiumfolie bis zu einer Kerntemperatur von 48 °C geschützt. Das heißer werdende Hackfleisch trägt zudem zum Garen der Lammkrone bei. Danach die Folie entfernen und die Krone weitergaren.

BEYOND
MEAT

B VEGA 16 BUZZ-BURGER

220° DIREKT | 30 MIN | 4 PERS

Was blüht dem Burger? Der Burger der Zukunft besteht nicht unbedingt aus Fleisch. Es ist Zeit für ein bisschen Burger-Zukunft – mithilfe der Burger von Beyond Meat. Ein fleischloses Vergnügen!

ZUTATEN

- 4 Burger von Beyond Burger
- 4 Brötchen
- 40 g Steinpilze, getrocknet
- 50 g Kapern, fein gehackt
- 25 g Zwiebelpulver
- 1 große Zwiebel
- 2 EL Mayonnaise
- Salatblätter
- 1 Zitrone
- 50 g geriffelte Chips

GEBRAUCHT WERDEN

- Grillpfanne oder gusseiserne Pfanne
- Blender
- Kernthermometer
- Grillwender

ZUBEREITUNG

Vorbereitung

Just blend, my friend

Interessant, dass Pilze häufig das „Fleisch des Waldes" genannt werden. In einem Blender die getrockneten Steinpilze zerkleinern.
Das Zwiebelpulver kurz in einer Pfanne rösten. Burger in eine Schüssel geben und mit den Kapern sowie dem Zwiebel- und Pilzpulver vermischen. Daraus mit den Händen runde Burgerpatties formen.

So wird's gemacht

Der Kontakt macht's

Die Burger können auf einem gusseisernen Rost gegrillt werden, geschmacklich perfekt werden sie jedoch in einer Grillpfanne oder in einer gusseisernen Pfanne. Der Gedanke dahinter ist der: Je mehr Kontakt, desto mehr Geschmack. Nun noch die Zwiebel in Scheiben schneiden und mit den Burgern zusammen grillen. Die Buzz-Burger sind bei einer Kerntemperatur von 55 °C fertig.

Darf's ein bisschen Mayo sein?

Die Mayo mit etwas Zitronenabrieb und Zitronensaft vermischen. Die Brötchen aufschneiden und die Hälften schön knusprig grillen. Burger-Bauplan: Brötchen mit Zitronenmayo bestreichen, Salatblatt, Burger, gebratene Zwiebel, geriffelte Chips und andere Brötchenhälfte oben drauf. Fertig!

B17 SPARGEL MIT SCHINKEN

HAM: 180° INDIREKT
ASP'S: 180° DIREKT

HAM: 3 ST
ASP'S: 30 MIN

4
PERS

Reden ist Silber. Geräucherter Hinterschinken mit Spargel ist Gold. Weißgold, um genau zu sein. Hinterschinken kann man das ganze Jahr über räuchern, aber Spargel ist nur für kurze Zeit zu haben. Die Saison beginnt irgendwann im April und endet an „Spargelsilvester", dem 24. Juni. Danach ist das leckere Gemüse buchstäblich wie vom Erdboden verschluckt. Die Pflanzen erholen sich von den Strapazen und stärken sich für das nächste Jahr. Wenn die Spargelzeit wieder beginnt.

ZUTATEN

Schinken
- Hinterschinken, ± 600 g
- Gewürzmischung, z. B. „All Purpose BBQ Rub" von Grate Goods

Sauce
- 2 EL Rum oder Ahornsirup
- 2 EL brauner Zucker
- 125 g Butter

Spargel
- 2 kg weißer Spargel
- 3 EL Olivenöl
- 100 g Queller
- 1 EL grobes Meersalz
- 50 g Butter
- 1 TL Muskatnuss

GEBRAUCHT WERDEN

- Kernthermometer
- Spritze
- Gusseisentopf
- Gusseiserner Rost
- Plate Setter
- Grillzange
- Aluminiumfolie

ZUBEREITUNG

So wird's gemacht
Den Rum oder Ahornsirup in einen kleinen Topf geben und bei niedriger Hitze erwärmen. Butter zugeben und unter Rühren zerlassen. Darin den braunen Zucker auflösen. Immer schön rühren, bis sich alles aufgelöst und gut vermischt hat. Dann kommt der Topf vom Feuer.

Die Spritze mit der warmen Sauce füllen und möglichst viel davon in den Schinken einfüllen. Dabei Zwischenräume von 2,5 cm lassen. Ein Teil der Flüssigkeit läuft zwar wieder aus, aber das ist zu verschmerzen, denn das Meiste bleibt im Schinken und sorgt für ein Aroma, das man so schnell nicht vergessen wird. Auch die Außenseite des Schinkens mit der Sauce bestreichen. Danach rieselt die Gewürzmischung über das Ganze.

Den Schinken lässt man drei Stunden auf einem Plate Setter in Ruhe räuchern und misst gelegentlich die Kerntemperatur. Diese sollte sich Richtung 65 bis 70 °C bewegen. Inzwischen reichlich Extra-Sauce über den Schinken geben. Der Deckel sollte so viel wie möglich geschlossen bleiben. Ist die gewünschte Kerntemperatur erreicht, geht der Schinken vom Grill und darf in Aluminiumfolie ruhig nachgaren. Zeit für den Spargel!

Den Spargel schälen und 2–3 cm am unteren Ende abschneiden. Der Plate Setter kommt vom Grill und wir lassen die Kohle auf 180 °C aufheizen. Dann die Spargelstangen auf den Grillrost legen (vorzugsweise aus Gusseisen). Spargel mit Olivenöl besprenkeln und mit Meersalz bestreuen. Je nach Dicke 20–30 Minuten lang grillen. Die Stangen müssen bissfest sein. Der Spargel gehört ab und an mit der Grillzange gewendet, damit er diese hübschen Grillstreifen bekommen. In einem Topf aus Gusseisen zerlassen wir 25 g Butter schwitzen und den Queller 1–2 Minuten darin an. Er sollte noch bissfest sein. Die restliche Butter zerlassen, aber nicht bräunen. Den Spargel auf 4 Tellern verteilen und den Queller darauf verteilen. Die geschmolzene Butter zusammen mit der Muskatnuss über das weiße Gold geben. Zur Krönung des Ganzen den Schinken in Scheiben schneiden und neben dem Spargel anrichten.

B 18 KING ROYALE

220° INDIREKT | 60 MIN | 30 MIN | 4 PERS

Für einen echten Grillmeister ist dies die Krönung. Ein Glanzstück, mit dem man auch dem niederländischen König seine Aufwartung machen kann. Weil man am Königstag in den Niederlanden vor allem mit dem eigenen Outfit beschäftigt ist und die orangefarben herausgeputzten Innenstädte unsicher macht, ist zum Einkaufen keine Zeit. Dann ist es gut, wenn man noch etwas im Kühlfach hat, z. B. Leckeres von The Frozen Butcher.

ZUTATEN

Basis
- 4 Angus-Burger, z. B. von The Frozen Butcher
- 4 Iberico-Burger, z. B. von Frozen Butcher
- 4 Scheiben Raclette, z. B. von Kaltbach
- 4 Scheiben Cheddar
- 4 Hamburgerbrötchen mit Sesam
- 1 EL Zimt
- Salatblätter (Eisberg)

Überraschung
- 4 große Strauchtomaten
- 90 g Panko
- 1 EL Fenchelsamen
- 120 ml Buttermilch
- Pfeffer
- Salz
- 1 Ei, verquirlt
- 120 g Weizenmehl
- 100 ml Sonnenblumen- oder Rapsöl

Topping
- 8 Gewürzgurken
- 12 Scheiben Frühstücksspeck
- 4 Zwiebeln
- 1 rote Zwiebel, in Ringen
- 4 Eier
- 4 Handvoll getrocknete Röstzwiebeln

ZUBEREITUNG

Vorbereitung

Surprise, surprise

Von jeder Tomate aus der Mitte 2 dicke Scheiben abschneiden. Drei verschiedene Schälchen bereitstellen: eins mit Mehl, eins mit verquirltem Ei und Buttermilch und zuletzt eins mit Panko und Fenchelsamen, Pfeffer und Salz. Die Tomatenscheiben durch das Mehl und das Ei ziehen und dann vollständig im Panko wenden. Mayo mit Sambal vermischen und die rote Zwiebel in Ringe schneiden. Wichtig ist, dass alles bereitsteht, wenn es mit dem Grillen der Burger losgeht. Das ist schön übersichtlich und verhindert Überraschungen auf den letzten Drücker. Dann heißt es nur: Auf die Plätze, fertig, los!

So wird's gemacht

Tomato Sunburn

Klingt komisch, aber es ist durchaus möglich: Tomatenscheiben in Sonnenblumenöl knusprig braun backen. Ausprobieren!

Mit einem kleinen Sieb rieselt nun Zimt über die Angus-Burger. Die Innenseiten der aufgeschnittenen Brötchen grillen knusprig vor sich hin. Vorsicht, dass sie nicht verbrennen. Die Gewürzgurken werden, wie im Rezept auf Seite 70 beschrieben (Party-Platte), geräuchert. Den Frühstücksspeck auslassen und auf Küchenkrepp abtropfen lassen. Die Zwiebel auf dem Grill ansengen, davon die äußerste Schicht entfernen und gnadenlos vierteilen. Die 4 Eier in der gusseisernen Pfanne so braten, dass sie nicht größer sind als das Brötchen.

Gegrillte Untertanen

Die Burger bis zur persönlich individuellen idealen Kerntemperatur grillen. Bei 55–58 °C sind sie medium – so liebt sie der gemeine Bürger. Käse auflegen und kurz unter Folie ruhen lassen. Aber nicht einpacken! Jetzt wird gebaut, und zwar nach dieser Zeichnung – es sei denn, jemand glaubt, eine bessere Idee zu haben.

King Royale

ZUTATEN

SAUCE!!!!
- 4 EL Mayonnaise
- 1 EL Sambal Oelek
- 4 EL Ketchup
- 4 EL Papayasauce „The Bastard"

Extra add-ons:
- Saftiger: Mozzarella statt Cheddar
- Saftiger + würziger: Blauschimmelkäse statt Cheddar
- Biss: Frühstücksspeck ersetzen durch ausgelassene Speckwürfel
- Schärfe: Jalapeño statt Gewürzgurke
- Gesünder: Frühstücksspeck ersetzen durch gegrillte, mit grobem Senf bestrichene Zucchinischeiben
- Spezial: gefrorene, sehr dünn geschnittene Jakobsmuschelscheiben (s) + Spritzer Sojasauce

GEBRAUCHT WERDEN

- 4 sehr lange Schaschlikspieße
- Grillwender
- Gusseiserner Rost
- Grillzange
- Kernthermometer
- Küchenkrepp
- Aluminiumfolie

Der Bauplan sieht so aus, von unten nach oben:

Brötchenunterseite, bestrichen mit Papayasauce

Salatblatt mit aufliegendem Hamburger mit Cheddar

Röstzwiebeln

knusprige Tomatenscheibe

Salatblatt für Grün-Liebhaber

Spiegelei

ausgelassener Speck

geräucherte Gurke

nochmal ein Salatblatt, weil's so gut aussieht

Hamburger mit Gruyère

Ketchup

gegrillte Zwiebel und rote Zwiebel

Brötchenoberseite mit Sambalmayo

B 19 CURRYWURST

250° DIREKT | 40 MIN | 4 PERS

Curry stammt aus Indien, wobei aber die Engländer auch eine Rolle spielten. Currywurst dagegen ist eine überaus deutsche Erfindung. Sowohl Berlin als auch Hamburg behaupten, die Currywurst erfunden zu haben. Ein Patent angemeldet hat jedoch lediglich Herta Heuwer aus Berlin, die die Currywurst im Jahr 1949 erfunden haben soll. Die Currysauce aus dem Laden enthält viel Zucker. Das machen wir anders und ersetzen Zucker durch süße Zwiebel.

ZUTATEN

- 4 Curry- oder Geflügelwürste

Für die Sauce:

- 2 Zwiebeln
- 4 Knoblauchzehen, gepresst
- 1 Chilischote, fein gehackt
- 1 EL Tomatenmark
- 800 g Tomatenwürfel (oder geschälte Tomaten ohne Flüssigkeit)
- 1 TL Meersalz
- 1 EL Currypulver
- 1 EL geräuchertes Paprikapulver
- 1/2 TL Pfeffer
- 1 TL Senfpulver
- 1/2 TL Cayennepfeffer
- 1 1/2 TL Kreuzkümmel, gemahlen
- 80 ml Apfelcider /Apfelessig

Für die scharfe Variante:

- 1 TL Chipotle-Pulver

Für die alkoholische Variante:

- 2 EL Whisky

GEBRAUCHT WERDEN

- Grillzange
- Fleischpresse

ZUBEREITUNG

Vorbereitung

Ruf schon mal die Feuerwehr und zünde den Grill an. Für eine saftige Currywurst ist eine Temperatur von 250 °C perfekt.

So wird's gemacht

Unsere Variante der Currysauce gelingt im Handumdrehen. Dazu die Zwiebeln bei direkter Hitze 15–20 Minuten direkt in den Kohlen garen. Abkühlen lassen, die schwarzen Teile entfernen und den Rest klein schneiden. Die meiste Arbeit ist bereits getan. Alles in die Küchenmaschine geben und bei niedrigem Stand gut zerkleinern.

Die Currywürste auf dem Feuer grillen und regelmäßig wenden. Mit einer Fleischpresse erzielen wir schneller und einfacher schöne Grillstreifen. Nach ± 10 Minuten sind die Würste hübsch braun gebrannt und innen noch schön saftig. Dazu passen natürlich Pommes frites und Mayo.

Bier-Begleitung: König Ludwig Weizen Dunkel.

B 20 HACKROULADE

180° INDIREKT | 45 MIN | 90 MIN | 6 PERS

Genau das richtige Rezept für den cleveren Heimwerker. Speck, Hackfleisch und Grillsauce sind hier die Stars.

ZUTATEN

- 1 kg Rinderhackfleisch
- 12 Scheiben Bacon
- 1 Kugel Mozzarella
- Grillgewürzmischung, z. B. „Sweet Paprika" von Grate Goods
- Deine Lieblingsgrillsauce

Fakultativ

- 1/3 gelbe Paprika
- 1/3 grüne Paprika
- 1/3 rote Paprika
- 1 Zwiebel
- 3 Kastanienchampignons

GEBRAUCHT WERDEN

- Edelstahlrost
- Frischhaltefolie
- Langer Schaschlikspieß
- Hickory-Holzspäne
- Kernthermometer
- Grillzange

ZUBEREITUNG

Gemüse zuerst
Grill anzünden und Gemüse grillen, bis es gar ist. Danach in Streifen schneiden.

Eine 75 breite Bahn Frischhaltefolie auf der Arbeitsfläche ausbreiten. 6 Scheiben Bacon dicht nebeneinander auf die Folie legen. Scheibe 2, 4 und 6 wieder wegnehmen. Eine Scheibe Bacon quer auf den Anfang der übriggebliebenen Speckscheiben legen. Scheibe 2, 4 und 6 wieder zwischen Scheibe 1, 3 und 5 legen. Hört sich an wie ein Kinderspiel. Ist es auch. Jetzt ist der Anfang des Netzes gelegt. Scheibe 1, 3 und 5 klappen wieder hoch. Wieder eine Speckscheibe quer legen. Danach geht es immer so weiter, nur mit Scheibe 2, 4 und 6. Diesen Vorgang wiederholen, bis ein schönes, viereckiges Baconnetz entstanden ist.

Hackfleisch und Kräuter gut vermischen und abschmecken. Eine Bahn Frischhaltefolie auslegen und das Hackfleisch zu einem Rechteck andrücken, das überall gleich dick ist. Wichtig ist, dass das Rechteck genauso breit wie das Baconnetz ist und 3/4 so lang. Mozzarella zu einem 2 × 2 cm großen Block schneiden und mit dem Gemüse in die Mitte des Hackfleischs legen. Die Folie von deiner Seite aus über das Ganze ziehen. So bekommt die Rolle ihre Form. Die Hackfleischenden mit den Händen aneinanderdrücken, sodass die Rolle ganz dicht ist. *Das ist wichtig, da die Rolle ansonsten ausläuft!*
Die Rolle mit der zugedrückten Seite nach unten in die Mitte des Baconnetzes legen. Die Folie, auf der der Bacon liegt, über die Roulade ziehen und leicht andrücken. Die Folie entfernen. Der Bacon sollte jetzt an der Roulade kleben. Die Speckenden ein wenig übereinander ziehen, sodass die Hamburgerrolle ganz mit Bacon bedeckt ist.

Inspiration
So. Die Roulade ist endlich grillfertig. In eine indirekte Zone (180 °C) legen, bis sie eine Kerntemperatur von 68 °C hat. Kein Kernthermometer zur Hand? Dann ist die Roulade je nach Dicke nach ± 75 Minuten fertig. Nach 1 Stunde bekommt die Roulade einen Anstrich mit der Lieblingsgrillsauce. Noch 10 Minuten ruhen lassen, und fertig!

Tipp: Roulade schräg in Scheiben schneiden, da sie so nicht so schnell auseinanderfällt.

B VEGA 21

MASSAMAN-CURRY

220° DIREKT | 15 MIN | 60 MIN | 4 PERS

Gut, wenn man Freunde hat! So einen wie Joe Formisano, der uns vom leckersten Curry-Gericht überhaupt erzählte. Das wird auf offenem Feuer zubereitet. Wir machten die Probe aufs Exempel. Und entschieden uns für ein thailändisches, vegetarisches Massaman-Curry vom Grill.

ZUTATEN

- 1 TL Fenchelsamen
- 1 TL Kreuzkümmel
- 1 TL Koriander
- 50 g Zitronengras
- 1 daumengroßes Stück Ingwer
- 8 Schalotten
- 4 Knoblauchzehen
- 3 Kaffir-Limettenblätter
- 30 g frischer Koriander
- 1 Dose Kokosmilch (biologisch, 400 ml)
- 250 ml Gemüsebouillon
- 2 TL Maisstärke
- 2 Lorbeerblätter
- 1 Zimtstange
- $^1/_2$ Blumenkohl
- 1 rote Paprika
- 3 Süßkartoffeln
- 150 g grüne Bohnen
- 4 EL geröstete Erdnüsse
- 2 TL Chilipaste
- 1 EL Tamarindenpaste

GEBRAUCHT WERDEN

- Gusseiserner Topf
- Schmortopf/Dutch Oven (M/L)
- Blender

ZUBEREITUNG

Knackig frisch

Vorbereitung

Frisch ist immer die beste Wahl. Optimal ist natürlich, wenn das Gemüse direkt aus dem eigenen Garten kommt. Das schmeckt sowieso besser. Und man weiß, was man isst. Los geht's:

Das Zitronengras in ca. 1 cm lange Stücke schneiden, Schalotten, Ingwer und Knoblauch fein hacken. Der Blumenkohl wird in kleine Röschen zerteilt. Jetzt noch die Süßkartoffeln schälen und in ca. 3 cm große Würfel schneiden. Die grünen Bohnen halbieren, die rote Paprika würfeln. Der Anfang ist gemacht. Vor uns breitet sich eine bunte, richtig appetitliche Gemüseversammlung aus.

So wird's gemacht

Vegetarisch liegt voll im Trend

Den Grill auf 200 °C direkte Hitze vorheizen. Die Fenchel-, Kreuzkümmel- und Koriandersamen in einem kleinen gusseisernen Topf einige Minuten rösten, bis die Samen anfangen zu duften. Aus dem Topf nehmen und beiseitestellen. Jetzt landen auch Zitronengras, Ingwer, Schalotten und Knoblauch in dem Topf. 5 Minuten sollten zum Anbräunen reichen.

Blender her!

Geröstete Samen, Limettenblätter und frischen Koriander in den Blender geben. Im Pulsmodus zerkleinern, bis sich eine homogene Masse gebildet hat.

Diese Paste in einem mittelgroßen bis großen Schmortopf/Dutch Oven dünsten, bis sich die Masse ein klein wenig bräunt. Jetzt kommt die Kokosmilch ins Spiel und wird angegossen. Die Masse bis auf etwa 2/3 einkochen lassen.

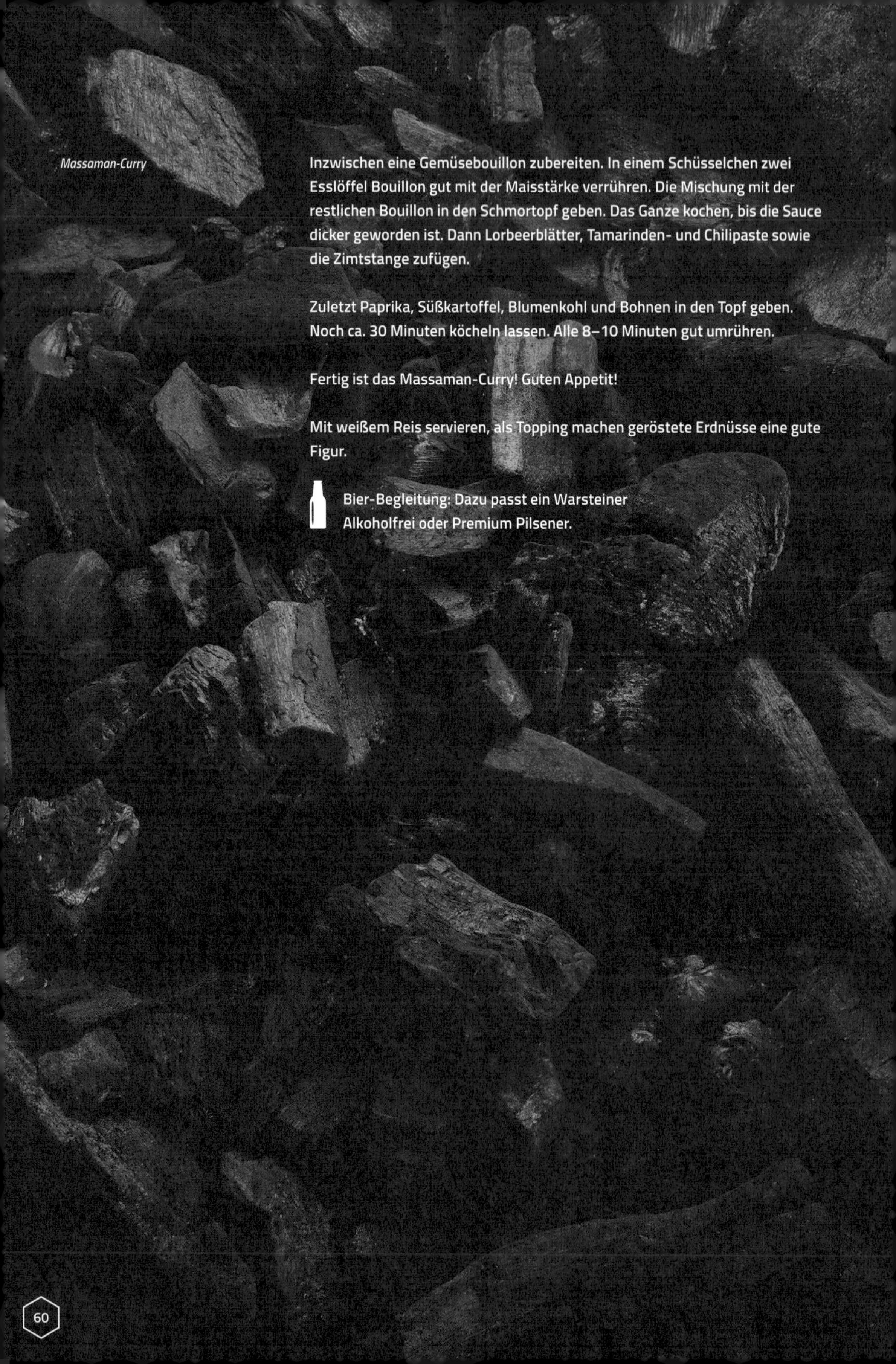

Massaman-Curry

Inzwischen eine Gemüsebouillon zubereiten. In einem Schüsselchen zwei Esslöffel Bouillon gut mit der Maisstärke verrühren. Die Mischung mit der restlichen Bouillon in den Schmortopf geben. Das Ganze kochen, bis die Sauce dicker geworden ist. Dann Lorbeerblätter, Tamarinden- und Chilipaste sowie die Zimtstange zufügen.

Zuletzt Paprika, Süßkartoffel, Blumenkohl und Bohnen in den Topf geben. Noch ca. 30 Minuten köcheln lassen. Alle 8–10 Minuten gut umrühren.

Fertig ist das Massaman-Curry! Guten Appetit!

Mit weißem Reis servieren, als Topping machen geröstete Erdnüsse eine gute Figur.

Bier-Begleitung: Dazu passt ein Warsteiner Alkoholfrei oder Premium Pilsener.

BASTARD
Adonis
SARDINES
PORTUGAISES
A L'HUILE
IMPORTÉ DU PORTUGAL
CONSERVAS
Warsteiner
RADLER

B 22 SCHOKO-KUCHEN MIT BACON

180° INDIREKT | 40 MIN | 4 PERS

Bacon und Schokolade: Gegensätze ziehen sich an. Wenn diese Gegensätze aufeinandertreffen, entsteht eine besondere Magie. Ganz ehrlich, damit überzeugen wir all unsere Gäste: Jung und Alt, Mann und Frau. Die, die es süß mögen und die, die es herzhaft mögen. Ein Gericht mit geheimnisvollen Assoziationen!

ZUTATEN

Topping
- 10 Scheiben Bacon

Kuchen
- 100 g Butter
- 100 g Zartbitterschokolade
- 2 Eier (Dotter)
- 75 g Zucker
- 1/4 TL Salz
- 60 g Mehl

Sahne
- 100 ml Schlagsahne
- 30 ml Sirup

Eis
- Vanilleeis

GEBRAUCHT WERDEN

- Gusseiserner Topf
- Backform
- Spritzbeutel
- Küchenkrepp
- Zahnstocher

ZUBEREITUNG

Vorbereitung
Ganz einfach: Die Vorbereitung besteht hauptsächlich darin, die Zutaten einzukaufen und die Schokolade nicht schon unterwegs aufzuessen.

So wird's gemacht
Speckig
Egal, ob dieses Gericht als Dessert oder Häppchen auf dem Teller landen soll: Der Grill muss angeworfen werden, und zwar auf 180 °C. Einen gusseisernen Topf auf den Rost stellen und die Speckscheiben darin knusprig braten. Den Bacon herausnehmen und auf Küchenkrepp abkühlen lassen. Danach in kleine Stücke brechen.

Kuchenteig
Jetzt wird die Butter im gusseisernen Topf erhitzt, bis darin die Schokolade vorsichtig zergehen kann. Dabei leidenschaftlich rühren, da Schokolade verstofflichte Liebe ist und auch so behandelt werden sollte. Den Topf vom Feuer nehmen, wenn die Schokolade 100 % geschmolzen ist. Eidotter, Zucker und Salz in einer Schüssel schlagen. Darunter das Mehl heben und zuletzt die Schoko-Mischung hinzufügen. Diesen magischen Mix mindestens 1 Stunde im Kühlschrank ruhen lassen.

Kuchen
Grill erneut auf 180 °C aufheizen, währenddessen die Backform mit etwas Butter einfetten. Den Kuchenteig in einen Spritzbeutel geben und in die Backform spritzen. Der Kuchen muss nun 10–14 Minuten backen. Mit einem Zahnstocher prüfen, ob der Kuchen innen gar ist. Wenn am Zahnstocher noch feuchter Teig klebt, braucht man noch etwas Geduld.
Obwohl damit fast Unmögliches verlangt wird: Den Kuchen kurz stehen lassen, bevor er aus der Form befreit wird. Lieber vertreiben wir uns die Zeit damit, Schlagsahne zu schlagen. Ganz zum Schluss Bacon-Schnipsel über den Kuchen streuen. Die göttliche Kreation mit Schlagsahne und Eis stolz servieren.

B23 BEEREN-COBBLER

180°
DIREKT & INDIREKT

60
MIN

4
PERS

Dieses sommerliche Dessert ist der amerikanische Traum schlechthin. Ideal für lange, schwüle Sommerabende. Bei einem guten Glas Wein den Sonnenuntergang bewundern, während die Kinder im Garten spielen. Aber auch bei weniger gutem Wetter und sogar bei Regen – und vielleicht gerade dann – bringt diese Kreation die Sonne ins Haus. Dieser Cobbler hat auf jeden Fall alles in sich, um alles und jeden strahlen zu lassen.

ZUTATEN

Biskuitteig
- 125 g Mehl
- 40 g Zucker
- 1 TL Backpulver
- 100 g Butter (weich)

Obst
- 50 g Butter
- 150 g Heidelbeeren
- 225 g Erdbeeren
- 225 g Brombeeren
- 185 g Himbeeren
- 150 g Zucker
- 1/2 EL Zimt
- 1/4 TL Muskatnuss, gemahlen
- 1/4 TL Salz

Topping
- 250 ml Schlagsahne

GEBRAUCHT WERDEN

- Gusseiserner Topf oder Auflaufform

ZUBEREITUNG

Cobbler-Basis
Den Zucker und die Butter bei Zimmertemperatur schlagen, bis alles gut vermischt ist. Dann das Mehl und Backpulver zugeben.

So wird's gemacht
Grill auf 180 °C vorheizen.

Beerenvulkan
In einem Topf oder einer Auflaufform zergeht jetzt ganz geschmeidig die Butter. Das Obst wird mit Zucker, Zimt, Muskatnuss und Salz vermischt und in den Topf gegeben.
Das Ganze anfeuern, bis es brodelt vor Vergnügen. Rühren verhindert, dass die Mischung am Boden ansetzt. Denn verbrannt bedeutet verloren.

Finishing Touch
Die Cobbler-Basis verteilt sich jetzt über dem Beerenmix. Den Topf indirekt aufs Feuer stellen, was am besten mit einem Plate Setter gelingt. Cobbler ± 30 Minuten backen, bis sich eine wunderschöne Kruste gebildet hat.

Jetzt ist es an der Zeit, die Schlagsahne zu schlagen, während wir krampfhaft überlegen, wie gleich wieder die erste Strophe der US-amerikanischen Nationalhymne anfängt. Den fertigen Cobbler mit einem Löffel locker geschlagener Sahne und viel Tamtam servieren.

Chupa
Chups

VEGA
24

ZUCCHINI-POPS

220° INDIREKT | 120 MIN | 15 MIN | 4 PERS

Manche Menschen können sogar einem Eskimo eine Kühltruhe verkaufen. Jemandem, der Gemüse wie Süßigkeiten an den Mann bzw. an die Frau bringen kann, liegt die Welt zu Füßen. Mit einem Rezept für Lutscher aus Baby-Zucchini sind wir also absolut auf dem richtigen Weg! Diese Babys sind knackig, frisch und zart. Und mit der süßscharfen Glasur werden sie schlichtweg unwiderstehlich. Jetzt mit Neue-Freunde-Garantie.

ZUTATEN

- 8 Baby-Zucchini
- 2 Bio-Zitronen
- 2 EL Oregano
- 1 EL getrocknete Chiliflocken
- 2 EL Honig
- 4 EL Olivenöl
- Frisch gemahlener Pfeffer

GEBRAUCHT WERDEN

- Schaschlikspieße
- Grillzange
- Plate Setter

ZUBEREITUNG

Vorbereitung
Die Enden der Baby-Zucchini abschneiden und das grüne Gemüse in jeweils 3 gleiche Teile schneiden. Jetzt die Zitronenschale abreiben (nur das Gelbe). Aus dem Zitronenabrieb, Zitronensaft und allen anderen Zutaten eine Marinade herstellen. Schaschlikspieße aus Holz kommen vor dem Bestücken ins Wasser zum Einweichen, damit sie später nicht verbrennen.

Die Zucchinistücke landen in einer Schüssel und werden mit der Hälfte der Marinade übergossen. Die andere Hälfte bewahren wir als Dressing auf. Die Zucchini mindestens 2 Stunden lang marinieren, länger schadet natürlich nie. Danach kommen die Zucchinistücke auf die Spieße.

So wird's gemacht
Heißer Lutscher
Die marinierten Spieße legen wir fein nebeneinander auf den heißen Grill und wenden sie regelmäßig, denn: Schwarz ist definitiv nicht gesund. Das Gemüse darf noch bissfest sein. Die Zucchini-Pops landen vor dem Servieren noch einmal im Dressing.

Du kannst ruhig zugeben, dass dieses Rezept dein Leben bereichert!

25 BURGER-TRIO

220° DIREKT | 60 MIN | 6 PERS

Oh je, die Qual der Wahl: Lamm, Wagyu oder Iberico? Bloß keinen Stress, wir nehmen einfach alle drei! Manchmal ist es gut, wenn man sich nicht entscheiden muss. Also, wie wäre es mit einem Burger-Dreierlei? Und dabei denken wir an Regel Nr. 1: Je besser das Fleisch, desto weniger Gewürze brauchen wir. Das Fleisch steht im Rampenlicht und wir beschränken uns einfach nur auf Pfeffer und Salz.

ZUTATEN

- 2 Lamm-Burger
- 2 Wagyu-Burger
- 2 Iberico-Burger, lecker sind z. B. die von The Frozen Butcher
- 6 Hamburgerbrötchen (einfache; es geht letztendlich um die Burger)
- 2 EL Mayonnaise
- 1 geröstete Paprika
- 1 Zucchini
- 1 Tropfen Tabasco
- Röstzwiebeln
- 2 Gewürzgurkenscheiben, süßsauer
- 2 EL saure Sahne
- Einige Salatblätter
- 1 große Tomate
- 2 EL Mayonnaise
- Wasabi

GEBRAUCHT WERDEN

- Fleischpresse
- Grillwender

ZUBEREITUNG

So wird's gemacht

Dem Grill geben wir die Sporen und rösten die 6 aufgeschnittenen Brötchen. So entfalten sie mehr Geschmack, werden schön knusprig und bleiben viel länger in Form. Also bleibt genug Zeit, um die Burger gut zu füllen.

Das Schweigen der Lammburger

Die Zucchini in Scheiben schneiden, mit Salz bestreuen und trocken tupfen. In ein paar Minuten bekommen die Scheiben auf beiden Seiten eine schöne Farbe. Geröstete Paprika pürieren und mit der Mayonnaise sowie der sauren Sahne vermischen. Mit einem Tropfen Tabasco würzen. Die beiden Lamm-Burger einige Minuten auf beiden Seiten grillen. Auf den Brötchen anrichten. Gegrillte Zucchini darauflegen und mit Paprikamayo abschließen. Voilà: Das war Nummer 1, da fehlen nur noch zwei.

Wunderbares Wagyu

Die 2 Wagyu-Burger auf beiden Seiten einige Minuten grillen, bis sie schön braun sind. Die Wagyu-Burger auf ein Brötchen legen, mit einer Gurkenscheibe dekorieren und mit Mayo abschließen. Röstzwiebeln darüberstreuen. Der Nächste, bitte!

Bocadillo de Iberico

Aller guten Dinge sind drei. Weiter geht's: Die Tomate in dicke Scheiben schneiden. Etwas Wasabi unter die Mayonnaise mischen. Es darf ruhig etwas scharf sein, oder? Die beiden Iberico-Burger auf beiden Seiten in ein paar Minuten schön braun grillen. Die Burger auf ein Brötchen legen, darauf kommen Salatblätter und Tomatenscheiben und zum Schluss mit Wasabi-Mayonnaise toppen. ¡Olé!

Jetzt alle Burger dreiteilen, wie einen Mercedes-Stern. Von jeder Burger-Variante ein Stück nehmen und mit den anderen Varianten zu einem Stern zusammenfügen, sodass jeder ein Burger-Dreierlei auf dem Teller hat. Eins, zwei, drei, Essen fassen!

B 26 GRILLPARTY-PLATTE

STÜCKZAHL PRO REZEPT: 10

Ich bin gegen unerwünschte Zudringlichkeiten, aber man hat einfach keine Chance, die Finger von dieser Party-Platte zu lassen ... Das Party-Highlight setzt ganz neue Maßstäbe. Da kann jede folgende Party schon jetzt nicht mehr mithalten. EM, WM, Olympia, Tour de France? Oder einfach ein spontaner Grillabend? Dann Grill ankurbeln und die Ärmel hochkrempeln!

SÜẞSCHARFE HÜHNERFLÜGEL

160° INDIREKT

ZUTATEN

- 10 Hühnerflügel
- 1 TL Knoblauchpulver
- 1 TL Cayennepfeffer
- 1 TL geräuchertes Paprikapulver
- 3 EL brauner Rohrzucker
- 75 ml Honig
- 225 ml Grillsauce

GEBRAUCHT WERDEN

- Kernthermometer
- Grillzange

Aus den trockenen Zutaten bereiten wir erstmal eine Gewürzmischung und reiben die Hühnerflügel damit ein. Die Grillsauce mit Honig erhitzen und verrühren, bis sich das Ganze gut vermischt hat. Die Flügel ± 15 Minuten indirekt bei 160 °C grillen. Mit der Sauce bestreichen und ± 5 Minuten erhitzen. Zweimal wiederholen. Die Kerntemperatur sollte 74 °C betragen. Fertig: Die Flügel können vom Grill.

POPCORN

180° INDIREKT

ZUTATEN

- Popcorn-Mais
- 50 g geräucherte Butter
- Sonnenblumenöl
- 50 g ausgelassener Speck
- Salz

GEBRAUCHT WERDEN

- Gusseiserner Topf mit Deckel (Schmortopf/Dutch Oven)
- Küchenmaschine

Dieses Super-Popcorn wird in einem gusseisernen Topf auf dem Grill zubereitet. Zunächst stellen wir kaltgeräucherte Butter her. Dann das Öl im gusseisernen Topf erhitzen, den Speck auslassen und wieder herausnehmen. Die Maiskörner landen im Topf und werden mit dem Öl verrührt. Deckel auf den Topf legen, bis man zwischen den „Knallern" auf über 5 zählen kann. Jetzt ist es soweit, die Butter unter das Popcorn zu rühren. Den ausgelassenen Speck in der Küchenmaschine zerkleinern und das Popcorn damit bestreuen.

GERÄUCHERTE GURKEN & ZWIEBELN

180° INDIREKT

ZUTATEN

- 10 Gewürzgurken
- 10 Silberzwiebeln
- 10 Amsterdamer Zwiebeln, süßsauer, z. B. von Kesbeke

GEBRAUCHT WERDEN

- Gusseiserner Stieltopf
- Räucherbox oder Tube Smoker mit Apfelholzchips

Auch dieses Rezept braucht seine Zeit, nämlich 24 Stunden. Die Gurken und Zwiebeln 30–45 Minuten in einer Räucherbox auf den heißen Holzkohlen grillen. Gurken in Schnitze schneiden, die Zwiebeln halbieren. Noch warm wieder in die eigene Flüssigkeit legen und 24 Stunden stehen lassen.

YAKITORI-SPIEßE MIT FRÜHLINGSZWIEBELN UND SESAM

160°
INDIREKT

ZUTATEN

Marinade

- 1 Knoblauchzehe, gepresst
- 2 cm Ingwer, gerieben
- 1 EL brauner Rohrzucker
- 2 EL Ketjap manis
- $^1/_2$ Würfel Hühnerbouillon
- 100 ml japanischer Reiswein (Mirin)
- 100 ml Sojasauce
- 100 ml Wasser

Spieße

- 4 Hühnerschenkel (entbeint, in Stücken)
- 2 Frühlingszwiebeln, in Ringen
- Sesam
- 1 rote Chilischote, entkernt

GEBRAUCHT WERDEN

- Gusseiserner Topf
- Spieße
- Grillzange

Die Marinadezutaten in einen gusseisernen Stieltopf geben und auf die Hälfte einkochen. Die Hühnerschenkelstücke dürfen jetzt darin mindestens 30 Minuten marinieren. Jeweils 4 Stücke kommen dann auf einen Spieß. Die eingekochte Marinade bewahren wir schön auf, damit lackieren wir später das Hühnerfleisch. Die Hühnerspieße 15 Minuten indirekt grillen. Danach viermal lackieren, und zwar alle 3–5 Minuten. Mit Frühlingszwiebeln und Sesam servieren. Darf es ein wenig scharf sein? Dann gesellen sich noch ein paar Chiliringe dazu.

LACHSWÜRFEL

180°
DIREKT

ZUTATEN

- halbe Lachsseite mit Haut
- Piri-Piri-Gewürze
- 1 Limette
- Pfeffer
- Salz
- Trockenes Pökelsalz, z. B. Allbrine

GEBRAUCHT WERDEN

- Zedernholzbrett
- Küchenkrepp
- Grillzange
- Kernthermometer

Bevor wir anfangen können, muss die Lachsseite eine Stunde trocken gepökelt werden. Den Lachs abspülen und mit Küchenkrepp trockentupfen. Danach geht der Fisch völlig nackt und unbedeckt 30 Minuten in den Kühlschrank. Anschließend muss der Lachs enthäutet werden und gewürfelt. Die Würfel mit etwas Abstand auf ein Brett aus Zedernholz legen. Mit den Piri-Piri-Gewürzen sowie etwas Salz und Pfeffer bestreuen. Limettenschale über die Lachswürfel reiben. Nun wird es heiß: Das Zedernholzbrett jetzt direkt über dem Feuer positionieren und die Lachswürfel in 6–10 Minuten nach Geschmack garen! Wir gehen von 50 °C für medium rare aus. Das Holzbrett mitsamt Lachswürfeln auf die Party-Platte stellen.

FEURIGER NUSS-MIX

Siehe B8. Dieses Rezept eignet sich auch sehr gut für die Party-Platte. Zu finden ist es unter B8 auf Seite 31.

GEFÜLLTE PASTINAKEN

Siehe B36. Auf Seite 95 finden wir das Rezept B36.

BALL OF FAME

Siehe B9. Hackbällchen dürfen auf unserer Superplatte nicht fehlen. Das Rezept finden wir auf Seite 32 unter B9.

WURSTRÖLLCHEN

Siehe B35. Das Rezept für Wurströllchen findet sich auf Seite 92 unter B35.

GARNELENSPIEßE MIT KORIANDER

160°
DIREKT

ZUTATEN

- 40 große Garnelen
- 100 ml Sojasauce
- 2 EL chinesisches Sieben-Gewürze-Pulver
- 2 Knoblauchzehen, gepresst
- 1 EL Zitronensaft
- $^1/_2$ Bund frischer Koriander
- Salz
- Pfeffer

GEBRAUCHT WERDEN

- Spieße
- Grillzange

Sojasauce, 7-Gewürze-Mischung, Knoblauch, Zitronensaft, Koriander und etwas Salz und Pfeffer vermischen. Darin die Garnelen über Nacht marinieren. Steigt die Party heute schon? Dann haben wir morgen Garnelenspieße für den Brunch.

Jeweils 4 Garnelen auf einen Spieß geben. In wenigen Minuten auf dem Grill garen. Durch regelmäßiges Wenden erhalten die Garnelen schöne Streifen.

GARNELENSPIEßE MIT SALSA

200°
DIREKT

ZUTATEN

- 40 große Garnelen
- 2 Limetten, in Schnitzen
- 2 Strauchtomaten, gewürfelt und entkernt
- 2 rote Zwiebeln, fein geschnitten
- 1 Mango, gewürfelt
- 2 Knoblauchzehen, gepresst
- 1 TL Paprikapulver (oder Cayennepfeffer, wenn es schärfer sein soll)
- 1 Bund Petersilie, gehackt
- Schuss Olivenöl

GEBRAUCHT WERDEN

- Spieße
- Grillzange

Garnelen mit Olivenöl, Paprikapulver und Knoblauch vermischen und mindestens 30 Minuten lang marinieren. In der Zwischenzeit die Zwiebel, Mango, Tomate und Petersilie vermischen, den Saft einer halben Limette untermengen. Eventuell etwas Salz zugeben. Jeweils 4 Garnelen auf einen Spieß geben. Die Spieße müssen 5–8 Minuten gegrillt werden. Mit der Salsa und den Limettenschnitzen auf der Platte anrichten.

GERÄUCHERTE WELLENCHIPS

160°
DIREKT

ZUTATEN

- 1 Tüte Wellenchips
- 3 TL Paprikapulver

GEBRAUCHT WERDEN

- Großer, gusseiserner Topf
- Räucherbox oder Tube Smoker
- Hickory- oder Eichenholzspäne

Locker vom Hocker: Paprikapulver über die Wellenchips streuen und alles vorsichtig durcheinanderwirbeln. Die Chips in eine gusseiserne Pfanne geben und 5 Minuten auf dem Grill rösten. Hickory- oder Eichenholzspäne in einer Räucherbox oder einem Tube Smoker eignen sich am besten dazu.

GEGRILLTE FEIGEN MIT GERÄUCHERTEM HONIG UND KÄSE

180°
INDIREKT

ZUTATEN

- 10 frische Feigen
- 2 EL Honig, in einer großen Schale aus Steingut
- 75 g weicher Ziegenkäse
- Rosmarin, fein gehackt
- 2 TL Balsamessig
- vermischt mit 4 TL Olivenöl, extra vergine

GEBRAUCHT WERDEN

- Gusseiserne Bratpfanne oder Abtropfschale
- Räucherbox oder Tube Smoker mit Apfelholzchips

Apfelholzchips in eine Räucherbox oder einen Tube Smoker geben und den Honig in der Steingutschale auf einem vorgeheizten Grill 30 Minuten lang räuchern. Dann den Grill auf 180 °C (indirekt) einstellen. Inzwischen die Feigen dritteln, sodass sie sich öffnen lassen, aber an der Unterseite noch intakt sind. Vorsichtig die Feigen auseinanderdrücken. Die Feigen 10 Minuten umgekehrt grillen. Vom Rost nehmen und mit der eingeschnittenen Seite nach oben in einen Topf legen. Ziegenkäse zwischen die Feigen legen und mit Rosmarin bestreuen. Das Ganze 10 Minuten lang erhitzen. Zuletzt mit dem Essig-Öl-Gemisch und dem geräucherten Honig besprenkeln.

KASTANIENCHAMPIGNONS MIT BLAUSCHIMMELKÄSE/ RICOTTA

160°
INDIREKT

ZUTATEN

- 1 Schale große Kastanienchampignons
- 150 g Blauschimmelkäse (z. B. Gorgonzola) oder 150 g Ricotta
- 4 EL geröstete Pinienkerne oder 4 EL geröstete Sonnenblumenkerne
- 2 EL Honig

GEBRAUCHT WERDEN

- Grillzange

Wir beginnen damit, die Pinienkerne zu rösten. Danach ist es an der Zeit, die Champignons zu entstielen. Die Hüte bürsten wir ohne Wasser sauber. Jetzt ist in den Champignons Platz für eine Füllung mit Käse. Ist das erledigt, werden sie mit Honig beträufelt und mit den gerösteten Kernen bestreut. Etwa 20 Minuten indirekt grillen und dann auf der Platte anrichten.

B VEGA 27

FONDUE FUMÉE PROTÉGÉE

160° INDIREKT | 30 MIN | 45 MIN | 4 PERS

Ein burgundischer Bastard bereitet Käsefondue selbstverständlich von A bis Z selbst zu. Wer dazu aber keine Lust oder keine Zeit hat, kann natürlich auch auf ein Fertigfondue zurückgreifen. Die höhlengereiften Käse aus Kaltbach – wie z. B. der Raclette – verfügen über eine angenehm weiche Struktur. Einfach perfekt für ein Fondue!

ZUTATEN

- 300 g Gruyère, z. B. Kaltbach
- 150 g Appenzeller, z. B. Kaltbach Extra
- 200 g Emmentaler, z. B. Kaltbach
- Emmentaler
- 150 g Raclettekäse, z.B. Kaltbach
- 2,5 dl Weißwein
- 4 EL Weißwein
- 1 Knoblauchzehe
- 1 TL Muskatnuss
- 2 EL Maisstärke
- 1 Schnapsglas Kirschwasser
- 1 großen, runden Brotlaib
- Schnittlauch
- Pfeffer aus der Mühle

Zum Eintauchen:

- 2 Baguettes
- Gemüse: Brokkoli, Blumenkohl, Bleichsellerie
- Gewürzgurken, Tomaten, Gurke, Karotte
- Ananas, Apfel, Banane
- Parma-/Serrano-Schinken oder Schwarzwälder Schinken

GEBRAUCHT WERDEN

- Schmortopf/Dutch Oven
- Eichenholzspäne
- Tube Smoker

ZUBEREITUNG

Vorbereitung

Alle Käsesorten verlieren ihre Rinde und werden etwa 45 Minuten kaltgeräuchert. Dafür empfehlen sich Eichenholzspäne im Tube Smoker. Keine weitere Wärmequelle verwenden.

Den Käse fein reiben, den Schnittlauch fein hacken. Einen „Deckel" vom Brotlaib abschneiden, 2 cm Brot aus der Innenseite entfernen und den Rest mit der Faust eindrücken. Der Brotboden wird dadurch sehr kompakt.
Jetzt nur noch die Zutaten zum Eintauchen portionieren.

Flüssiges Gold

Der gusseiserne Topf bekommt nun so viel Hitze, dass er etwas mehr als handwarm ist. Wir wollen natürlich keine Brandblasen. Mit der zerdrückten Knoblauchzehe reiben wir den Topf aus. Ist das erledigt, kommt der Topf wieder auf den Rost und wird mit Weißwein gefüllt. Unter Rühren eine gute Handvoll geriebenen Käse in den Topf geben. Sobald der Käse geschmolzen ist, rieselt erneut eine Handvoll Käse hinterher. Diesen Vorgang wiederholen wir so lange, bis kein Käse mehr übrig ist. Die Mischung darf noch etwas köcheln.

4 EL Wein mit der Maisstärke verrühren und unter den Käse geben. Dann gesellt sich das Kirschwasser zum Käse: kurz, kräftig rühren. Mit Muskatnuss und frisch gemahlenem Pfeffer abschmecken.

Das Käsefondue in den ausgehöhlten Brotlaib geben und mit fein geschnittenem Schnittlauch bestreuen. Seid ihr am Boden der Tatsachen angelangt und ist kein Käse mehr im Brotlaib? Dann schneidet das Brot in Stücke und teilt es untereinander auf.

Tipp: Man kann mit den Käsesorten natürlich variieren und anstelle vom Appenzeller auch harten Ziegenkäse verwenden. Oder wie wäre es mit 100 g Blauschimmelkäse, einem Rosmarinzweig und einem EL geräuchertem Paprikapulver?

THE BASTARD

B 28 PALENCIA

180° DIREKT | 45 MIN | 15 MIN | 6 PERS

¡Viva España! Vor allem lieben wir die Klassiker. Die Paella ist ein zeitloses Gericht mit einer großen Variationsvielfalt. Das offizielle Paella-Rezept aus Valencia wird gehütet wie ein Kleinod. Aber warum sollte man ein Gericht immer so zubereiten wie alle anderen auch? Wir wählen frische Zutaten, die uns schmecken. Und suchen unser eigenes Gleichgewicht in Bezug auf Fleisch, Fisch und Gemüse.

ZUTATEN

- 200 g frische Chorizo, gewürfelt
- 400 g gegrillte Hühnerschenkel
- 400 g Herzmuscheln, Schwertmuscheln
- 400 g Venusmuscheln
- 400 g Miesmuscheln
- 600 g große Garnelen
- 400 g Paella-Reis (Arroz Bomba), als Alternative Risotto-Reis
- 300 g geschälte Puffbohnen
- 300 ml Weißwein
- 1 Zwiebel
- 2 Knoblauchzehen
- 1 Dose Tomaten
- 360 ml Wasser
- Meersalz
- Frisch gemahlener Pfeffer
- 50 ml Olivenöl
- 50 g Butter
- 0,7 l heiße Hühnerbouillon
- 240 ml frischer Orangensaft
- Halber Bund glatte Petersilie
- Pimentón (geräuchertes Paprikapulver)
- 5 Fäden Safran, in etwas Wasser eingeweicht

GEBRAUCHT WERDEN

- Paella-Pfanne
- Orangenholzspäne (fakultativ)

ZUBEREITUNG

Vorbereitung

Alles Meeresgetier sollten wir gut säubern, damit kein Sand ins Getriebe kommt. Die Därme der Garnelen entfernen wir auch besser. Die Zwiebeln und den Knoblauch in dünne Scheiben schneiden, die Tomaten zerkleinern. Jetzt noch die Petersilie fein hacken: ¡Vamos a la Paella!

So wird's gemacht

Paella para siempre

Nun wird es heiß: Wir zünden den Grill an. Für das richtige Aroma positionieren wir Orangenholzspäne strategisch zwischen die Holzkohle. Paella-Pfanne – in Spanien wird diese Pfanne übrigens Paellera genannt – auf den Rost stellen und kurz aufheizen, dann einen guten Schuss Olivenöl hineingeben. Die Zwiebel und die Chorizowurst kommen zuerst in die Pfanne. Wird die Chorizo etwas härter? Dann ist es Zeit für den Knoblauch, bevor die geschälten Puffbohnen unter Rühren hinzugefügt werden. Nun warten noch die Garnelen, und zum Schluss wandern auch die Tomaten in die Paella.

Den Reis in die Paella-Pfanne geben. Reis kurz untermischen, damit er alle Aromen in der Pfanne absorbieren kann, dann den Orangensaft angießen. Nun kommt so viel Bouillon hinzu, bis die Paella mit Flüssigkeit bedeckt ist. Safran nicht vergessen, mitsamt Einweichwasser. Jetzt muss noch das Huhn in Stücke geschnitten werden und kommt auch dazu.
Die Paella ist in ± 25 Minuten fertig, sobald der Reis weich und das Huhn gar ist. Erst in den letzten 10 Minuten fügen wir alle Muscheln hinzu. Abschließend legen wir ein paar Butterflocken auf die Paella. Jetzt nicht mehr allzu viel rühren, da das dem Gericht nicht zugutekommt. Denn in diesen letzten Minuten soll eine goldene Reiskruste entstehen. Mit Petersilie und Pimentón garnieren.

B 29 SCHULTERFILET MIT BACON

200° INDIREKT | 40 MIN | 60 MIN | 4 PERS

Das Schulterfilet des Rinds ist ein besonderes Stück Rindfleisch. Wegen seiner Form wird es oft auch „falsches Filet" bezeichnet. Es ist recht mager und eignet sich gut für den Grill.

ZUTATEN

- 4 Schulterfilets
- Olivenöl
- Frühlingszwiebel
- 2 süße Paprikaschoten
- 200 g Bacon
- 1 Knoblauchknolle
- Salz und Pfeffer
- 1 Flasche Memphis Sweet & Smokey, z. B. von Grate Goods

Gewürzmischung

- Beef & Steak Rub, z. B. von Grate Goods

GEBRAUCHT WERDEN

- Aluminiumfolie
- Frischhaltefolie
- Gusseiserne Pfanne
- Kernthermometer
- Grillzange

ZUBEREITUNG

Vorbereitung

Rösten

Gerösteter Knoblauch hat einen viel milderen Geschmack als roher Knoblauch. Einen „Deckel" von der Knoblauchknolle abschneiden. Schnittfläche mit Olivenöl, Salz und Pfeffer einreiben. Knoblauch in Aluminiumfolie einwickeln und auf dem Grill bei 200 °C etwa 45 Minuten lang rösten. Wenn der Knoblauch weich ist, kann er aus der Schale gedrückt werden. Die Schulterfilets mit Beef & Steak Rub einreiben.

Die Filets straff in Frischhaltefolie einwickeln und in den Kühlschrank legen. Danach werden die Frühlingszwiebel in Ringe und die Paprikas in Streifen geschnitten.

Nichts anbrennen lassen

Der Bacon kommt in eine gusseiserne Pfanne und wird darin knusprig gebraten. Auf Küchenkrepp abtropfen lassen. Ist der Bacon hart? Dann wird er jetzt leicht zerkrümelt. Die Paprikastreifen in derselben Pfanne grillen.

Jetzt geht's ans Eingemachte: Die Schulterfilets 10 Minuten grillen, bis eine Kerntemperatur von 52 °C erreicht ist. Danach dürfen sich die Filets 15 Minuten lang mit Folie abgedeckt ausruhen.

Bacon, Paprika, gerösteter Knoblauch, Pfeffer und einen guten Schuss Sauce in eine Schüssel geben und alles gut verrühren. Die Schulterfilets aufschneiden und mit ein paar Löffeln Garnierung hübsch machen. Ein paar Frühlingszwiebelringe und ein Streifen Sauce sorgen für ein spektakuläres Endergebnis.

Zum Schluss: Ein Schulterfilet wiegt zwischen 300 und 400 g. In der Fachsprache reden wir von 1.500 bis 2.000 Karat. Damit kann man seinen Gästen ordentlich imponieren.

VEGA

30

CAPONATA SICILIANA

180° DIREKT | 60 MIN | 60 MIN | 6 PERS

Caponata ist ein süßsaures Gemüsegericht aus Sizilien. Dabei spielt die Aubergine eine Hauptrolle. Aber auch Tomaten und Zwiebeln sind fester Bestandteil dieses Gerichts. Der Sizilianer ist flexibel, denn es werden auch andere Gemüsesorten verwendet, je nachdem, welche gerade auf dem Markt erhältlich sind oder im Garten wachsen. Caponata wird kalt als Antipasto oder warm als Beilage serviert, zum Beispiel zu gegrilltem Fisch.

ZUTATEN

- 6 kleine Auberginen
- 1 Zwiebel
- 5 große Tomaten
- 1 EL Kapern
- 50 g grüne Oliven
- 3 Stängel Sellerie
- 4 EL Weißwein- oder Balsamessig
- 1 EL Rohrzucker
- Salz und Pfeffer
- 2 EL Petersilie
- 1 EL Olivenöl

GEBRAUCHT WERDEN

- Sieb
- Gusseiserner Topf oder Schmortopf/Dutch Oven

ZUBEREITUNG

Vorbereitung

Die Auberginen in etwa 1 cm dicke Stücke schneiden und reichlich mit Salz bestreuen. Eine Stunde in ein Sieb legen, damit die austretende Flüssigkeit ablaufen kann, und danach trockentupfen. Die Zwiebel und Oliven fein schneiden, Petersilie hacken. Die Selleriestängel werden in 3 cm lange Stücke zerteilt. Abschließend noch die Tomaten häuten und danach grob hacken.

Keine Spuren hinterlassen

Endlich wird der Grill angezündet und auf 180 °C aufgeheizt. Wir nehmen einen gusseisernen Topf und lassen ihn gut erhitzen. Darin braten die Auberginen mit Olivenöl an, bis sich das Gemüse leicht verfärbt. Dann Zwiebeln, Tomaten, Kapern, Oliven, Sellerie, Essig, Zucker, Salz und Pfeffer in den Topf geben. Die Reihenfolge ist egal. Etwa 60 Minuten schmoren lassen. Mit gehackter Petersilie garnieren.

B31 BRASILIAÑISCHE PICAÑHA

300° DIREKT | 30 MIN | 4 PERS

Picañha bezeichnet in Brasilien das Schwanzstück vom Rind. Das saftige, von feinem Fett durchzogene und intensiv nach Rind schmeckende Teilstück wird in Deutschland und Österreich Tafelspitz genannt. Doch im Gegensatz zum Tafelspitz wird bei der Schlachtung und Zerlegung der Picañha der charakteristische Fettdeckel am Muskelfleisch belassen. Durch diese Fettschicht eignet sich Picañha besonders für Braten und Grillgerichte.

ZUTATEN

- ± 900 g Picañha vom Kalb

Kräuteröl:

- 250 ml Olivenöl
- 2 Knoblauchzehen
- 1/2 Zwiebel
- 1/2 rote Chilischote
- 15 g frischer Thymian
- 10 g frischer Rosmarin
- 1 EL Salz

GEBRAUCHT WERDEN

- Gusseiserner Rost
- Eisenspieße
- Aluminiumfolie
- Kernthermometer

ZUBEREITUÑG

Vorbereitung

Kräuteröl

Zwiebel, Knoblauch und Chilischote in grobe Stücke schneiden, wobei wir die Chilischote dabei lieber ohne Kerne verwenden. Thymianblätter und Rosmarinnadeln abzupfen. Alles zusammen mit 250 ml Olivenöl und Meersalz in einen hohen Messbecher geben und mit einem Stabmixer gut zerkleinern. Die Mischung für die spätere Verwendung in einen luftdicht verschlossenen Behälter geben.

Eingefleischt

Picañha eine halbe Stunde vor der Zubereitung aus dem Kühlschrank nehmen und akklimatisieren lassen. Das Fleisch in der Breite in Streifen (4–5 cm) schneiden. Die Streifen aufspießen, sodass die Fettschicht nach außen zeigt. Die fertigen Spieße reichlich mit Kräuteröl bestreichen.

So wird's gemacht

Grill auf nicht weniger als 300 °C aufheizen. Picañha auf allen Seiten schön braun grillen. Um hübsche Grillstreifen zu erzielen, ist ein gusseiserner Rost unerlässlich. Hat sich eine schöne Kruste gebildet, muss das Fleisch noch bei einer Temperatur von ± 150 °C bis zu einer Kerntemperatur von ± 54 °C nachgaren. Das Fleisch danach noch 10 Minuten in Aluminiumfolie gewickelt ruhen lassen.

Gegrillte Picañha und König Ludwig Dunkel sind ein starkes Team. Bom apetite!

PRO
BLACK BASTARD

B 32 GEGRILLTER CAESAR SALAD

200° DIREKT | 30 MIN | 4 PERS

Zu einem guten Grillfest gehört ein guter Salat. Wenn der Grill ohnehin schon angezündet ist, kann man auch gleich diesen berühmten Salat darauf zubereiten.
Das Räucheraroma verleiht der leckeren Kombi aus Salat, Parmesan und gegrilltem Huhn eine zusätzliche Geschmacksdimension.

ZUTATEN

- 2 Hühnerfilets
- 2 Knoblauchzehen
- Meersalz
- 4 Anchovisfilets
- 1 Eigelb
- Saft einer halben Zitrone
- Olivenöl
- 1 Stück Parmesan
- Frisch gemahlener, schwarzer Pfeffer
- 4 Scheiben Brot
- 3 kleine Köpfe Römersalat

GEBRAUCHT WERDEN

- Kernthermometer
- Frischhaltefolie
- Teigroller
- Mörser
- Reibe
- Grillzange

ZUBEREITUNG

Vorbereitung

Einheizen

Der Grill muss angeworfen werden – falls er nicht schon an ist. Es ist Zeit für etwas rohe Gewalt. Hühnerfilets zwischen zwei Bahnen Frischhaltefolie legen und mit einem Teigroller gleichmäßig plätten. Nicht zu Mus verarbeiten, das ginge eindeutig zu weit. Hühnerfilets mit Salz und Pfeffer würzen und grillen, bis sie gar sind. Eine Kerntemperatur von 72 °C ist ausgezeichnet.

Dress to impress

Eine Knoblauchzehe in eine Schüssel pressen, Anchovisfilets zugeben. Alles mit einer Gabel zerdrücken und vermischen. Dazu holt man sich am besten den Mörser aus dem Schrank. Eigelb dazugeben und vermischen. Dazu gesellt sich der Zitronensaft, bevor gleichmäßig 120 ml Olivenöl zugegossen werden. Vorsicht: Wenn man ein Dressing mit Olivenöl in der Küchenmaschine blendet, wird es schnell bitter. Also greifen wir besser auf gute alte Handarbeit zurück.

Wir wenden uns wieder dem Grill zu. Erst die Brotscheiben mit Olivenöl bepinseln und dann mit der verbliebenen Knoblauchzehe einreiben. Brot auf beiden Seiten grillen. Salatköpfe vierteln. Die Innenseiten grillen, bis sie hübsche Grillstreifen haben.

Bei einem Caesar Salad hängt alles von der Präsentation ab. Los geht's, bauen wir den Salat also schön auf: Auf jeden Teller 3 Salatviertel legen. Darauf Dressing, Hühnerfiletstreifen und Brot symmetrisch verteilen. Reichlich Käse über den Salat reiben. Fertig. Sieht es ein bisschen chaotisch aus? Das darf es auch, denn ursprünglich wurde der Salat aus einer Notsituation heraus geboren, und zwar in der Küche des Italo-Amerikaners Cesare Cardini. Also, was kann schon passieren ...

B 33 CAPE COD

200° DIREKT | 30 MIN | 4 PERS

Hohe Wellen. Lange Strände. Die Kennedys und coole Fischer aus Massachusetts. Grillen deinen eigenen Cap Kabeljau auf einer Tagliatelle-Insel.

ZUTATEN

- 4 Kabeljaufilets, ohne Haut
- 1 Knoblauchzehe
- 2 EL frischer Thymian
- Olivenöl
- Grober Pfeffer
- Salz
- 4 Stränge Strauchtomaten
- 600 g Tagliatelle, getrocknet
- 2 Eidotter

GEBRAUCHT WERDEN

- Gusseiserner Rost
- Kernthermometer

ZUBEREITUNG

Vorbereitung
Fischfilets mit gepresstem Knoblauch, Thymianblättern und Olivenöl marinieren. Wasser salzen und mit einem Schuss Öl zum Kochen bringen.

So wird's gemacht
Tagliatell me more
Vom Timing hängt's ab. Frische Pasta braucht weniger Zeit als getrocknete. Tagliatelle laut Packungsanweisung kochen. Nach dem Abgießen 2 Eidotter unter die Nudeln rühren, mit frischem Pfeffer bestreuen – und basta.

Feuriger Kabeljau
Die Tomaten über direktem Feuer grillen und dann warmhalten. Den Kabeljau grillen, bis er anfängt auseinanderzufallen. Hat der Fisch eine Kerntemperatur von 60 °C erreicht? Dann ist er fertig.

Wir basteln ein Pastanest, betten den Fisch darauf und umgeben ihn mit den gegrillten Tomaten. Und im Nu haben wir einen farbenfroh dekorierten, appetitlichen Fisch auf dem Tisch.

B34 SCHMORFLEISCH AUF INDONESISCH

180° INDIREKT | 120 MIN | 4 PERS

Schmorfleisch wie bei Muttern – oder Großmuttern. Das ruft nostalgische Erinnerungen wach. An früher, an gemütlich, zu Hause am Mittagstisch. Doch es geht auch ganz anders. Wie wäre es mit Schmorfleisch auf Indonesisch? Durch die exotischen Zutaten wähnt man sich sofort auf Bali.

ZUTATEN

- 500 g Bavette
- Pfeffer
- Salz
- 1 Knoblauchzehe
- 100 g Butter
- 2 Gewürznelken
- 1 kg Zwiebeln, geschält
- 1 Schuss Rotwein
- 4 EL Ketjap manis
- 1 EL Sambal oelek
- 1–2 EL Tomatenmark
- 1 Schuss Rotweinessig
- 1 TL brauner Zucker
- 1 Lorbeerblatt

GEBRAUCHT WERDEN

- Schmortopf/Dutch Oven

ZUBEREITUNG

Vorbereitung

Wir denken an Meer, Strand, Palmen. Urlaub in Indonesien ...

So wird's gemacht

Einfach mit Kamado

Den Kamado mit Karacho auf 180 °C aufheizen. Deckel offen lassen. Einen gusseisernen Topf auf den Rost stellen und darin die Butter zergehen lassen. Das Bavette in kleine Stücke schneiden und einige Minuten auf allen Seiten anbraten. Den Knoblauch und die Zwiebel grob schneiden und zusammen mit allen anderen Zutaten zum Fleisch geben. Das war einfach, was? Das Ganze lassen wir jetzt 1–2 Stunden lang köcheln, bis das Fleisch schön weich ist. Dadurch haben wir genügend Zeit, uns noch einmal mit melancholischem Blick die Urlaubsfotos anzuschauen. Vielleicht bleibt sogar Zeit, um den nächsten Urlaub in die Sonne zu buchen.

Dieses Gericht passt ausgezeichnet zu B44 (Feuerstein-Veggies) oder zu Kartoffelpüree. Und zu der angebrochenen Flasche Rotwein.

B 35 WURST-RÖLLCHEN

150° INDIREKT | 30 MIN | 60 MIN | 4 PERS

Es ist Zeit für einen Evergreen. Zumindest wird das auf jeden Fall einer werden. Wurst, Speck und Käse: ein köstliches Trio, dem wohl niemand echten Widerstand leisten will – oder kann. Mit etwas Jalapeño-Schärfe wird diese unwiderstehliche Dreiecksbeziehung zu einem echten Renner. Die Vorfreude ist immens bei unseren wahnsinnigen Wurströllchen.

ZUTATEN

- 1 Räucherwurst im Ring
- ± 12 dünne Scheiben Frühstücks-speck
- 150 g geriebener Käse
- 1 Jalapeño-Schote
- 120 g Sahnefrischkäse
- Grillgewürze
- ± 12 Würfel würziger Käse
- 1 fein geschnittene Zwiebel
- Grillsauce

GEBRAUCHT WERDEN

- Zahnstocher
- Apfelräucherholz
- Tube Smoker

ZUBEREITUNG

Vorbereitung
Kleine Kraftpakete
Den Sahnefrischkäse, geriebenen Käse, die gehackte Jalapeño-Schote und Grillgewürze gut vermischen. Räucherwurst in etwa 1 cm dicke Scheiben schneiden (wir singen innerlich „Circle of Life" dabei). Die Wurstscheiben jeweils mit einem Stück nach Maß (also nicht allzu dünn) geschnittenem Stück Speck umwickeln, und zwar so, dass der Speck eine Art Becher und die Wurstscheibe den Boden des Bechers bildet. Wurst und Speck mit einem Zahnstocher fixieren. Auf die Wurstscheibe einen Käsewürfel legen, mit der Frischkäsemischung auffüllen und etwas Zwiebel darüber verteilen.

So wird's gemacht
Tüpfelchen auf dem i
Zum Schluss etwas Apfelholz in den Tube Smoker oder auf die Holzkohle legen und die Wurströllchen indirekt etwa 1 Stunde lang garen. In der letzten Viertelstunde den Speck mit Grillsauce bestreichen. Das steigert die Ästhetik.

B 36

GEFÜLLTE PASTINAKEN

180° INDIREKT | 60 MIN | 4 PERS

Pastinaken sind mit Sicherheit schlecht fürs Gedächtnis. Warum sonst gehören sie zu den vergessenen Gemüsesorten? Doch Vergesslichkeit schmeckt wie Rache, nämlich süß. Wir bereiten uns gedanklich auf gefüllte Pastinaken vor. Bis oben hin voller Geschmack.

ZUTATEN

- 2 Pastinaken, möglichst gerade
- 2 Süßkartoffeln
- 1 EL Olivenöl
- 125 g Cheddar
- 75 g alter Käse
- 4 Frühlingszwiebeln
- 2 rote Chilischoten
- 1 Zweig Rosmarin
- 3 Zweige Thymian
- 3 EL Crème fraîche
- Salz und Pfeffer

GEBRAUCHT WERDEN

- Grillzange

ZUBEREITUNG

Vorbereitung

Wir dürfen auf gar keinen Fall vergessen, den Grill anzuheizen. 180 °C ist perfekt. Pastinaken und Süßkartoffeln sauber schrubben. Kartoffeln mit etwas Olivenöl und reichlich Salz einreiben. In Bezug auf die Salzmenge vertrauen wir aufs Bauchgefühl. Süßkartoffeln auf den Rost legen. Pastinaken der Länge nach halbieren und mit Olivenöl einreiben.

Nach 30 Minuten gesellen sich die Pastinaken zu den Kartoffeln auf den Rost. Süßkartoffeln etwas aufschneiden, damit sie einfacher weitergaren. Geht das noch nicht? Dann warten wir lieber noch ein bisschen. Pastinaken erkälten sich schnell, deshalb halten wir den Grilldeckel möglichst geschlossen. Eine Chilischote und die Frühlingszwiebeln klein schneiden, außerdem den Cheddar und alten Käse reiben. Die zweite Chilischote wird in dünne Ringe geschnitten. Sind die Kartoffeln und Pastinaken weich genug? Dann die Pastinaken „entkernen" und die Kartoffeln ganz aushöhlen. Das Entkernte und das Ausgehöhlte zusammen mit Crème fraîche, den beiden Käsesorten, Rosmarin, Thymian, Frühlingszwiebeln und Chili zu einer festen Masse kneten. Mit Salz und Pfeffer abschmecken. Die Pastinaken mit diesem magischen Magma füllen, noch etwas Crème fraîche darüberlöffeln und mit etwas altem Käse bestreuen. Das gefüllte Gemüse noch 10 Minuten auf den Grill legen. Für eine perfekte Optik vor dem Servieren noch mit ein paar Chiliringen und Frühlingszwiebelringen garnieren.

Vegane Variante

Ungebrannte, ungesalzene Cashewnüsse fein mahlen. Dabei werden die natürlichen, ungesättigten Fettsäuren freigesetzt. Mit ein wenig Olivenöl vermischt eine Nacht stehen lassen. Das Ganze erneut mit hoher Geschwindigkeit durch den Fleischwolf jagen. Die Nussmischung unter die Pastinakenmasse mischen – und schon haben wir eine fantastische Alternative für die Crème fraîche. Dann müssen wir nur noch den geriebenen Käse durch geriebenen veganen Käse ersetzen.

B 37 CAPRESE-TURM

160° DIREKT | 60 MIN | 4 PERS

Caprese bzw. im Ganzen „Insalata Caprese" hat seinen Ursprung auf der Insel Capri, und die wiederum ist bekannt für ihre Schönheit und die tolle Aussicht. Wir haben uns in diesem Sinne eine gegrillte Variation des Insalata Caprese ausgedacht, der in Form eines Turms daherkommt. Natürlich in den Landesfarben Grün, Rot, Weiß.

ZUTATEN

- 6 Kirschtomaten
- 2 große Kugeln Mozzarella
- 2 gelbe Paprikaschoten
- 2 rote Paprikaschoten
- 1 Zucchini
- 2 EL Pesto Genovese
- Frisches Basilikum
- 1 Bauernbrot
- Olivenöl
- Grober Pfeffer
- Salz

GEBRAUCHT WERDEN

- Pizzastein oder gusseiserne Pfanne
- Grillwender
- 2 mittelgroße, nach unten schmaler werdende Gläser
- Frischhaltefolie
- Langer Spieß

ZUBEREITUNG

Vorbereitung
Schönheit ist für jedes italienische Gericht eine Grundvoraussetzung. Also Gemüse gut waschen. Die Paprika in große Stücke würfeln, Zucchini in 1 cm dicke Scheiben schneiden. Auch den Mozzarella wird in 1,5 cm dicke Scheiben portioniert. Die Basilikumblätter (möglichst direkt von der Topfpflanze) von den Stielen pflücken. Bauernbrot in 1,5 cm dicke Scheiben schneiden. Die Brotscheiben mit etwas Öl bestreichen und mit grobem Salz bestreuen. Die Innenseite der Gläser mit Frischhaltefolie auslegen, damit sich nachher die Türme einfach herausnehmen lassen.

So wird's gemacht
The will to grill
Jetzt wird's heiß: Paprikastücke grillen. Zucchinischeiben grillen. Brot grillen. Kirschtomaten grillen (oder auch nicht, wenn man lieber kalte Tomaten möchte).

Tower Power
Einen Kreis aus dem Brot stechen, und zwar mit dem Durchmesser der Glasunterseite. Den Brotkreis ins Glas stecken. Abwechselnd Mozzarella, Paprika, Zucchini und Basilikum zu einem Turm im Glas aufschichten. Immer wieder gut andrücken. Wir schauen uns die Designkreation wohlwollend an. Noch einmal einen Brotkreis ausstechen, wie oben beschrieben, den brauchen wir gleich. Jetzt auch einen Brotkreis mit dem Durchmesser der Glasoberseite ausstechen – der kommt oben drauf. Jetzt wird's spannend: Glas umdrehen und den Turm auf einen Pizzastein oder eine gusseiserne Pfanne stürzen. Den feuchten Brotkreis, der jetzt oben liegt, entfernen wir und ersetzen ihn durch das trockene Exemplar. Den Turm senkrecht mit einem Spieß fixieren. Dekoriert wird der Turm mit einer (gegrillten) Kirschtomate. Bei angenehmen 160 °C schmilzt der Mozzarella dahin. Den Turm mit einem Grillwender aus der Pfanne bzw. vom Pizzastein nehmen und sofort servieren. Als Tüpfelchen auf dem i noch etwas Pesto über das Ganze träufeln.

THE BASTARD
SERIOUS OUTDO
COOKING

B 38

SCHWEINE-FLEISCH-SATÉ

200° DIREKT | 120 MIN | 20 MIN | 4 PERS

Ende des 16. Jahrhunderts gingen die ersten Niederländer in Batavia an Land, dem heutigen Jakarta. Das war der Startschuss für das Goldene Zeitalter. Doch dieser Begriff ist inzwischen genauso umstritten wie etwa Black Bastard. Neben Porzellan, Seide und Edelsteinen haben es den Niederländern auch exotische Gewürze angetan. Einen ganz besonderen Platz nimmt dabei Indonesien ein. Und wer Indonesien sagt, sagt Saté. Hier folgt ein altes javanisches Familienrezept mit einer köstlichen Sauce!

ZUTATEN

- 600 g Schweinefilet

Marinade

- 2 Limetten
- 2 EL Zitronensaft
- 6 EL Ketjap manis
- 3 EL brauner Rohrzucker
- 1 TL Koriandersamen
- 1 Knoblauchzehe, fein gerieben
- 1 EL Sojaöl

Katjang-Ketjap-Sauce

- 3 EL Ketjap manis
- Saft von 1 Zitrone
- Saft von 1 Limette
- 6 EL Erdnussbutter
- 1 Zwiebel, sehr fein gehackt
- 2 EL Röstzwiebeln
- 2 EL brauner Rohrzucker

GEBRAUCHT WERDEN

- 16 Holzspieße
- Grillzange
- Kernthermometer
- Gusseiserner Topf

ZUBEREITUNG

Vorbereitung

Die Marinade ist immer ein guter Anfang. Dafür den Saft und Abrieb der Limetten zusammen mit Zitronensaft, Ketjap manis, Rohrzucker, Koriandersamen, geriebenem Knoblauch und Sojaöl in einer Schüssel zu einer Marinade vermischen. Das Schweinefilet würfeln und in die Marinade geben. Die Filetwürfel dürfen mindestens 2 Stunden darin baden. Lange Holzspieße 15 Minuten in kaltem Wasser einweichen, damit sie nicht verbrennen. Jeweils 3–4 Fleischstücke auf einen Spieß geben.

So wird's gemacht

Saté Babicue

Saté vorzugsweise auf einem gusseisernen Rost 10–15 Minuten über einem 200 °C heißen Feuer grillen. Ab und zu wenden, damit alle Seiten gleichmäßig gar werden.

Fast geschafft ...

Den gusseisernen Topf nun aufs Feuer stellen, darin die Zwiebel bräunen. Alle übrigen Saucenzutaten hinzufügen und gut umrühren. Ist die Sauce zu dickflüssig? Dann kann man sie mit etwas Wasser verdünnen. Wenn alles nur so einfach wäre ... Die Sauce warm servieren. Terima kasih, Indonesia (Vielen Dank, Indonesien)!

B 39 THAI-WRAP

220° DIREKT | 25 MIN | 25 MIN | 6 PERS

Thailand ist gleich Schlemmerland. Dieser thailändische Wrap mit wunderbar zartem Hühnerfleisch, würziger Sriracha-Mayo und knackigem Asiengemüse lässt so manche Erinnerung an einen exotischen Urlaub sofort wiederaufleben. Wir lassen unseren Urlaubsfantasien freien Lauf und betrachten das Rezept als Einladung, davon abzuweichen.

ZUTATEN

- 6 Hühnerschenkel (entbeint)
- 6 Tortilla-Wraps, medium

Thai-Marinade
- 2 TL Kreuzkümmel
- 2 TL Koriandersamen
- 3 Pimentkörner, getrocknet
- 3 Knoblauchzehen
- 1 Stück Ingwer, geschält
- 4 Limettenblätter (tiefgekühlt)
- 150 ml Kokosmilch
- Saft von 1 Limette

Sriracha-Mayonnaise
- abgeriebene Schale von 1 Limette
- 6 EL Mayonnaise
- Sriracha nach Wunsch

Toppings
- Pak Choi, Blätter
- Pak Choi, Stiele
- 1 rote Paprika
- Handvoll Sojabohnensprossen
- 3 Frühlingszwiebeln
- Frischer Koriander, grob gehackt
- Röstzwiebeln

GEBRAUCHT WERDEN

- Gusseiserner Rost
- Gusseiserne Pfanne
- Grillzange, Mörser
- Kernthermometer

ZUBEREITUNG

Vorbereitung

Sriracha-Mayonnaise

Die Limettenschale wird abgerieben, bevor wir die Limette auspressen und den Saft für die Marinade aufbewahren. Mayonnaise und Sriracha mit der abgeriebenen Limettenschale zu einer frisch-würzigen Sauce vermischen, die an einen heißen Monsun erinnert.

Thai-Huhn

Die Hühnerschenkel in grobe Stücke zerteilen, sodass sie nicht durch den Grillrost fallen. In die Schale legen, in der sie später mariniert werden. Das Hühnerfleisch leicht salzen.

So wird's gemacht

Die Vielseitigkeit der thailändischen Küche spiegelt sich in der großen Gewürzvielfalt wider. Kreuzkümmel, Koriander und Piment kurz in einer gusseisernen Pfanne rösten, bis die Gewürze ihren Duft entfalten. Danach in einem Mörser fein mahlen. Den Knoblauch und Ingwer zugeben und alles zu einer Paste zerstampfen. Den Kern aus den Limettenblättern herausschneiden, die Blätter fein hacken und zusammen mit dem Saft einer Limette und der Kokosmilch zur Gewürzmischung geben. Das Hühnerfleisch darin mindestens 20 Minuten marinieren.

Zum Schluss

Die Pak-Choi-Blätter vom Stiel trennen, intakt lassen und beiseitestellen. Den weißen Teil des Pak Choi würfeln. Paprika in Stücke schneiden, während die Frühlingszwiebeln in Ringe zerfallen. Koriander grob hacken.
Die marinierten Hühnerschenkel direkt bei 220 °C grillen, bis das Fleisch gar und schön gestreift ist. Eine Kerntemperatur von 74 °C ist ideal. Wraps in einer gusseisernen Pfanne oder auf dem Grill erhitzen. Jetzt ist Wrappen angesagt! Einen überzeugend großen Klecks Sriracha-Mayo auf dem Wrap verteilen. Ein Pak-Choi-Blatt darauflegen. Dann folgen Pak-Choi-Würfel, Paprika, Sojabohnensprossen und Frühlingszwiebeln. Das Hühnerfleisch ist jetzt an der Reihe und nimmt seine Position ein. Mit frischem Koriander und Röstzwiebeln abschließen. Wrap schließen und zubeißen!

B 40 JERKY-AUBERGINEN

200° INDIREKT | 30 MIN | 4 PERS

Die Aubergine ist wie ein Huhn, nur aus der Gemüseabteilung: von sich aus nicht mit viel Eigengeschmack gesegnet, ist sie aber dafür umso besser im Absorbieren von Aromen. Auberginen lassen sich vielseitig kombinieren. Aber vor allem die Textur macht dieses Gemüse so interessant. Die Außenseite lässt sich knusprig braten, und die Innenseite hat Biss. Gegrillte Auberginen sind ein perfekter Partner für eine rauchig-scharfe Jerky-Sauce. Kaum zu glauben, dass es Auberginen-Gegner gibt, die dieses Multitalent tatsächlich verschmähen!

ZUTATEN

- 3 Auberginen

Jerky-Sauce
- 2 Frühlingszwiebeln
- 4 Knoblauchzehen
- 4 EL Honig
- Saft und abgeriebene Schale einer Limette
- 3 Schoten Scotch Bonnet (oder andere rote Chilischoten)
- 1/2 TL Muskatnuss, gerieben
- 1 1/2 cm frischer Ingwer
- 1 TL Piment, gemahlen
- 1 TL Zimt, gemahlen
- 1 TL Koriander, gemahlen
- 1 TL Ingwerpulver
- 1 TL Thymianblätter
- 1 TL schwarzer Pfeffer
- 2 EL Sojasauce
- 2 EL Olivenöl

GEBRAUCHT WERDEN

- Gusseiserner Rost oder Grillplatte
- Blender oder Küchenmaschine

ZUBEREITUNG

Vorbereitung
Yummy Jerky
Die Frühlingszwiebeln grob hacken und zusammen mit den übrigen Zutaten in die Küchenmaschine oder den Blender geben. Zu einer spiegelglatten Sauce verarbeiten.

Anschließend die Auberginen der Länge nach in jeweils 5 Scheiben schneiden. Die Scheiben reichlich mit der Sauce bestreichen und alles kurz einziehen lassen.

So wird's gemacht
Aufgepasst
Die Gemüsescheiben auf beiden Seiten grillen, bis sie schön knusprig sind. Der Honig in der Marinade kann dafür sorgen, dass die Aubergine schnell schwarz wird. Also immer schön wachsam bleiben, bevor der Ruf darunter leidet.

Tipps: Die Auberginen lassen sich auch in groben Stücken auf Schaschlikspieße stecken. Noch eine Idee: Extrawürze kann man durch Mischen der übriggebliebenen Marinade mit der eigenen Lieblingsgrillsauce erzielen.

41 WILDLACHS MIT WHISKEY

160° INDIREKT | 5 ST | 60 MIN | 4 PERS

Nicht nur Bären mögen Wildlachs, sondern auch Bastards. Und Jack Daniel's unterscheidet sich von anderen amerikanischen Bourbon-Whiskeys durch das spezielle Holzkohlefilterverfahren. Lachs, Whiskey, Holzkohle ... Das klingt doch nach einem Traumtrio, oder nicht? Für dieses Gericht nehmen wir vorzugsweise Wildlachs aus Alaska, Kanada oder von der nordamerikanischen Westküste. Aber wenn man nicht fündig wird: mit einer anderen Lachssorte geht es auch. Wir müssen jedoch darauf achten, dass der Fisch noch seine Haut gerettet hat.

ZUTATEN

- 1 Lachsseite mit Haut (vorzugsweise Wildlachs)
- Meersalz

Glasur

- 4 Knoblauchzehen
- 1 EL Olivenöl
- 160 ml Wasser
- 240 ml frischer Ananassaft
- 80 ml Teriyaki-Sauce
- 1 EL Sojasauce
- 250 g brauner Zucker
- 3 EL Zitronensaft
- 1 Zwiebel
- Ein Schuss Bourbon-Whiskey „Jack Daniel's"
- 1 EL Ananasmus
- 1 TL Chipotle- oder Cayennepfeffer

GEBRAUCHT WERDEN

- Frischhaltefolie
- Zedernholzbrett
- Gusseiserner Topf
- Kernthermometer

ZUBEREITUNG

Vorbereitung

Kälte und Pökel

Die Lachsseite mit einer dicken Schicht Salz einreiben. Das gefällt dem Fisch. Lachs straff in Frischhaltefolie einpacken. Das Paket in einem flachen Behälter in den Kühlschrank stellen. Dort fühlt sich der Fisch pudelwohl und bleibt mindestens 4 Stunden in der Kälte liegen. Reichlich Zeit zum Feinschneiden einer Zwiebel!

Knoblauchbasis

Der Grill heizt auf 160 °C vor. Die Unterseite der Knoblauchzehen wegschneiden und die Zehen mit etwas Olivenöl in einen gusseisernen Topf geben. Garen, bis die Zehen weich sind.

Glacieren

Alle Zutaten für die Glasur – außer dem Whiskey – in einen Topf geben und 30–40 Minuten köcheln lassen. Die Glasur darf nicht kochen. Zum Ende hin den Whiskey dazugießen. Halt! Wir gönnen uns auch gleich ein Glas. Noch 5 Minuten weiterköcheln lassen.

Wem die Stunde schlägt

Den Lachs eine halbe Stunde vor dem Grillen aus dem Kühlschrank nehmen. Das Salz mit kaltem Wasser abspülen, anschließend den Fisch mit Küchenkrepp trockentupfen. Danach kommt er mit der Hautseite auf ein Zedernholzbrett, das gleich darauf auf dem Grillrost landet. Den Fisch regelmäßig mit der Bourbon-Glasur glacieren. Nach ± 30 Minuten bzw. einer Kerntemperatur von 50 °C ist der Wildlachs tischfertig. Cheers!

Tipp: Ist der Grill eher klein? Dann einfach die Lachsseite halbieren und in zwei Portionen zubereiten.

Getränkevorschlag: den Rest der Whiskey-Flasche.

BURN
BASTAR
BURN

B 42

NOT SO MACHO NACHOS

220° DIREKT | 40 MIN | 4 PERS

Wir möchten unseren Beitrag leisten und für mehr Geschlechtergerechtigkeit sorgen. Also plädieren wir für mehr Frauen in den höheren Rängen. Als CEO, COO, CFO oder als Chief Roasting Officer. Das erfordert auch eine andere Herangehensweise an einige unserer Rezepte. Aber alles für die Gerechtigkeit. Das ist es uns absolut wert. Hier kommen unsere wunderbaren Blumenkohl-Nachos!

ZUTATEN

- 1 Blumenkohl
- 1 Tüte Tortilla-Chips, naturell (200 g)
- 1 Dose schwarze Bohnenpaste, La Morena (440 g)
- 1 Beutel geriebener Cheddar, 150 g
- 4 Knoblauchzehen
- 1 Jalapeño-Schote
- 2 Roma-Tomaten
- 1 rote Zwiebel
- 1 EL frischer Koriander
- Guacamole, ± 40 g pro Person
- 1/2 TL Kreuzkümmelpulver
- 1/2 TL Chilipulver
- 1/2 TL geräuchertes Paprikapulver
- 2 EL Olivenöl
- Pfeffer
- Salz

GEBRAUCHT WERDEN

- Gusseiserne Pfanne (L)
- Auflaufform

ZUBEREITUNG

Vorbereitung

Hochhackige Schuhe ausziehen und durch Sneaker ersetzen. Die Arbeit ruft: Den Blumenkohl in kleine Röschen zerteilen, die Tomaten würfeln, den Knoblauch fein hacken und die rote Zwiebel sehr klein würfeln. Der Jalapeño wird in dünne Scheiben geschnitten und der Koriander fein gehackt.

So wird's gemacht

Let's burn inequality

Grill mit Schwung anschmeißen und gleich auf 220 °C vorheizen, denn wir wollen ja höher hinaus und setzen deshalb entsprechend hohe Maßstäbe. In diesem Sinne muss eine große Auflaufform oder eine große, gusseiserne Pfanne her. Diese mit etwas Olivenöl einfetten. Den Blumenkohl und Knoblauch in der Auflaufform verteilen. Kreuzkümmel-, Chili- und Paprikapulver darüberstreuen. Zeig den Boomern, wer der Chef ist, und stell die Form selbstsicher auf den Grill. Den Blumenkohl etwa 10–15 Minuten garen, bis sich das Gemüse goldgelb bräunt. Die Tortilla-Chips über dem Blumenkohl verstreuen, darüber die schwarze Bohnenpaste verteilen und mit dem geriebenen Cheddar abschließen. Etwa 6–8 Minuten grillen, bis der Käse vollständig geschmolzen ist.

Kurz vor dem Servieren die Tomaten, die Jalapeño-Scheiben, die rote Zwiebel, den Koriander und die Guacamole auf dem Gericht verteilen. Check! Glückwunsch zu dieser vegetarischen Kreation. Damit haben sich die Frauen einen Platz zwischen den Old Boys verdient.

B 43 KUNG-FU-KREBSE

220° DIREKT | 30 MIN | 40 MIN | 4 PERS

In der westlichen Welt wird Kung Fu vornehmlich als Sammelbegriff für die traditionellen chinesischen Kampfkünste verwendet. Kung Fu bedeutet wörtlich übersetzt „investierte harte Arbeit". Na dann ... Worauf warten wir noch? Das Rezept ist bereit für den Kampf.

ZUTATEN

Marinade

- 400 g gekochte Flusskrebse
- 2 EL Sojasauce
- 1 TL Mirin/Reiswein
- 1 TL Maisstärke

Kung-Fu-Sauce

- 1 TL Sojasauce
- 1 TL Hoisin-Sauce
- ½ TL Sesamöl
- 1 TL Balsamessig
- 2 TL brauner Zucker
- 1 TL Maisstärke
- ½ TL Szechuan-Pfeffer
- 3 Knoblauchzehen
- 1 kleines Stück Ingwer
- 10 getrocknete Chilischoten
- 2 EL Oliven-/Sonnenblumenöl
- 3 Frühlingszwiebeln
- 50 g ungesalzene Erdnüsse
- Reis oder Nudeln

GEBRAUCHT WERDEN

- Gusseiserner Wok

ZUBEREITUNG

Baoquan!

Gruß an den Flusskrebs

Die Flusskrebse ein letztes Mal in einer Marinade aus Sojasauce, Reiswein und Maisstärke schwimmen lassen. In einer Schüssel gut verrühren und 10–15 Minuten stehen lassen.

Kung-Fu-Sauce

In einer Schüssel Sojasauce, Hoisin-Sauce, Sesamöl, Balsamessig, Zucker, Maisstärke und Szechuan-Pfeffer mischen, bis sich Zucker und Maisstärke aufgelöst haben.

Die Frühlingszwiebeln, den Knoblauch und den Ingwer klein schneiden.

Hit the wok

Der Wok landet auf den Grill, dafür am besten den Plate Setter umdrehen. Dieser fungiert als perfekter Wok-Halter. Jetzt tragen wir dafür Sorge, dass Wok und Grill um die 220 °C heiß sind. Wie wir wissen, ob der Wok heiß genug ist? Wenn wir einen Tropfen Wasser in den Wok fallen lassen, muss dieser sofort verdampfen.

Das Öl in den Wok geben. Die Chilischoten darin höchstens 1 Minute pfannenrühren. Die marinierten Flusskrebse kommen nun in den Wok und werden nicht länger als 2–3 Minuten pfannengerührt. Danach Frühlingszwiebeln, Knoblauch und Ingwer hinzufügen. Nach einer halben Minute folgt die Sauce, die wir gut unterrühren, damit alles bedeckt ist. Zuletzt Erdnüsse hinzufügen. Mit Reis oder Nudeln servieren.

Es gibt eine Vielzahl chinesischer Kampfkünste. Wir hoffen auf eine ebenso große Vielfalt an Rezeptvarianten!

VEGA 44

FEUERSTEIN-VEGGIES

200° DIREKT | 90 MIN | 10 MIN | 4 PERS

Hinter der Fassade des modernen Menschen verbirgt sich immer noch der Urmensch. Der muss auch was zwischen die Zähne bekommen. Mit iPhone, Facebook und Co. ist der garantiert nicht zufrieden. Der Urmensch braucht Feuer und was zu beißen! Also ran an die Feuersteine, Kohlen zur Weißglut bringen und los. Die Rezeptzutaten sind Vorschläge und können unabhängig voneinander verwendet werden. Wir gehen dabei vom Prinzip „Überleben des Angepasstesten" aus.

ZUTATEN

- Zwiebeln *
- Rote Bete *
- Knollensellerie *
- Süßkartoffel *
- Knoblauch *
- Kürbis *
- Tomaten *
- Paprika *
- 1 Päckchen Butter
- Pfeffer
- Salz

* Anzahl hängt vom Jagderfolg ab

GEBRAUCHT WERDEN

- Lange Grillzange

ZUBEREITUNG

Vorbereitung
Grill anzünden und Kohlen gut heiß werden lassen. Eine rote Glut ist gut. Roste und Pfannen lassen wir einfach mal Roste und Pfannen sein. Auch wenn wir heute kein Ribeye gejagt und gefangen haben: Wir benehmen uns jetzt wie ein Höhlenmensch und verzichten auf den ganzen Schnickschnack.

So wird's gemacht
Wählen wir das härteste und größte Gemüse aus: Zwiebeln, Rote Bete, Knollensellerie, Süßkartoffel und Kürbis. Das Gemüse etwa 1,5 Stunden zwischen die Kohlen legen. Tomaten und Paprika brauchen nur 25 Minuten. Das Gemüse anschließend mit einer langen Grillzange zwischen den Kohlen herausfischen. Vorsichtig die verkohlte äußere Schicht vom Gemüse entfernen. Wo nötig, das Gemüse weiter säubern. Dann in Stücke schneiden. Jetzt noch eine Knoblauchknolle zwischen die Kohlen legen.

Heimlich holen wir einen Topf zum Vorschein, lassen die Butter darin zergehen und drücken darin die weiche Knoblauchknolle aus. Das Gemüse mit der Knoblauchbutter, Pfeffer und Salz würzen.

Es dreht sich um den Kontrast im Leben. Also verschränken wir die Finger zu einem Trinkgefäß, lassen einen Stammesbruder einen köstlichen Schluck Wein hineingießen und kosten den Unterschied zwischen Neandertaler und Homo sapiens.

B45

YES WE CANNELLONI!

150° INDIREKT | 45 MIN | 4 PERS

Wir tun natürlich alle so, als wären wir die absoluten Grillmeister, aber jeder kann wohl etwas Grundlagentheorie gebrauchen. Universalprinzipien des Grillens:

1. Etwas mit etwas füllen.
2. Mit Speck umwickeln.
3. Mit Grillsauce bepinseln.
4. Mehr ist mehr. Also viel davon machen.

ZUTATEN

- 24 Cannelloni-Röhren
- Pulled Chicken
- 150 g Appenzeller (gerieben), z. B. Kaltbach Extra
- 24 Speckstreifen
- Grillsauce
- 100 g Rucola

GEBRAUCHT WERDEN

- Gusseiserne Pfanne oder Auflaufform

ZUBEREITUNG

So wird's gemacht

Dieses Cannelloni-Rezept erfüllt alle Grill-Grundprinzipien. Verwendung als Füllung finden beispielsweise Pulled Chicken (B12), Pulled Pork, Hackfleisch oder andere (Fleisch-)Reste. Eine Wegwerfmentalität lassen wir uns nicht vorwerfen. Wir stehen für Cradle to Cradle! Dieses Gericht beweist, wie groß unser Recycling-Bewusstsein ist. Zum Garen der Cannelloni braucht es Fett und Flüssigkeit, aber die können auch aus einer anderen Quelle stammen.

Das Fleisch mit geriebenem Käse, Rucola und ein wenig Grillsauce vermischen. Oder eben mit viel, je nach Wunsch. Der eigene Geschmack zählt.

Die Cannelloni mit dem obigen Mix füllen und sorgfältig mit dem Speck umwickeln. Die Röhrennudeln müssen überall mit Speck bedeckt sein, sonst gart die Pasta nicht überall gut und bleibt hart.

In einer gusseisernen Pfanne garen die Cannelloni 20 Minuten lang auf dem Grill und in werden den letzten 5 Minuten mit Grillsauce bestrichen. So bekommen sie eine knusprig-süße Hülle. Wenn es also beim Reinbeißen knuspert, liegt das an diesem letzten Schritt, und nicht an der Pasta, capiche?

sempio
Gochujang
Hot Pepper Paste

B 46 FRIEDENSSTIFTER GOCHUJANG

200° INDIREKT | 1 TAG MARINIEREN | 60 MIN | 4 PERS

Man stelle sich vor, eine Gewürzpaste würde den Weg zum Frieden zwischen Nord- und Südkorea ebnen. Kim und Moon reichen sich dank Gochujang die Hände. Und das Atomprogramm wird prompt auf Eis gelegt. Die beiden Chefs experimentieren auf einem eilig organisierten Gipfel mit Gochujang und Hühnerschenkeln. Moon storniert alle weiteren Manöver mit dem US-amerikanischen Militär. Und auf einmal haben wir ein wiedervereinigtes Korea! Na gut, eine Utopie vielleicht. Aber dennoch: Gochujang war für mich eine wahre Entdeckung, die mich wirklich begeistert.

ZUTATEN

- 4 Hühnerschenkel, mit Haut und Knochen
- 2 EL Gochujang
- 2 TL Chiliöl
- 2 TL Sojasauce
- 2 TL Sesamöl
- 2 TL brauner Zucker
- 3 Frühlingszwiebeln, geschnitten
- 2 Knoblauchzehen, zerdrückt
- 1 EL Sesamsamen, geröstet
- Meersalz
- Pfeffer

Gurke koreanisch

- 1 Gurke
- 100 ml Sojasauce
- 1 EL Reisessig
- 1 EL Sesamöl
- 2 Knoblauchzehen
- 1 EL brauner Zucker

GEBRAUCHT WERDEN

- Kernthermometer
- Gusseiserner Stieltopf

ZUBEREITUNG

Vorbereitung

Die Gochujang-Paste, Chiliöl, Sojasauce, Sesamöl und Zucker zu einer Sauce vermischen. Die Sauce und das Huhn miteinander vereinen, dann die Frühlingszwiebeln und den Knoblauch zugeben. Die Hühnerschenkel kommen in einen gusseisernen Topf und werden in den Kühlschrank gestellt. Nach 24 Stunden Marinieren ist das Hühnerfleisch für ein zweites Leben bereit.

Gurke koreanisch

Die Gurke in dünne Scheiben schneiden, die Knoblauchzehen reiben. Alle Zutaten für das Gurkengericht vermischen. Jetzt die Gurkenscheiben untermischen und alles gut abgedeckt ruhen lassen.

So wird's gemacht

Gochujang, go!

Endlich ist es an der Zeit, den Grill anzuzünden und auf 200 °C zu erhitzen (indirekt). Die Hühnerschenkel aus der Gochujang-Marinade nehmen und auf den Grill legen. Das Fleisch alle 5 Minuten mit der restlichen Marinade bestreichen. Hat das Fleisch nach ± 30 Minuten eine Kerntemperatur von 74 °C? Dann noch kurz über direktem Feuer weitergrillen. So wird das Fleisch außen schön knusprig. Zum Schluss die Hühnerschenkel mit gerösteten Sesamsamen bestreuen. Die restliche Marinade lassen wir im gusseisernen Topf richtig gut aufkochen, denn darin war das rohe Huhn eingelegt. Das Ergebnis ist eine köstliche Gochujang-Sauce zu diesem koreanischen Gericht. Peace, man!

맛있는 음식

SCHWEINS-HAXE

47

180° INDIREKT 250° INDIREKT | 12 ST | 150 MIN | 4 PERS

Die Schweinshaxe steht nicht nur in Deutschland, sondern auch in Österreich und der Schweiz auf der Speisekarte, wenngleich auch mit einem anderen Namen. So heißt die Schweinshaxe gen Norden Eisbein. In Bayern (Schweins-)Haxn, in Hessen zuweilen auch Adlerhaxe. Auch Hechse, Hämmchen und Bötel sind in Umlauf. In Österreich sagt man Stelze, und in der Schweiz Gnagi oder Wädli.

ZUTATEN

- 2 Schweinshaxen
- 300 ml Rindsbouillon
- 300 ml deutsches Bier, z. B. König Ludwig Weißbier
- 1 TL Pfeffer
- 1 TL Salz
- 1 TL Kümmel
- 1 TL Knoblauchpulver
- 2 weiße Zwiebeln
- 2 EL Sonnenblumenöl
- Maisstärke

GEBRAUCHT WERDEN

- Gusseiserner Schmortopf (Dutch Oven)
- Plate Setter
- Kernthermometer
- Grillzange

ZUBEREITUNG

Vorbereitung

Salzige Nächte

Wenn die Schweinshaxen nicht gepökelt sind, dann muss das jetzt noch nachgeholt werden, damit das Fleisch schön zart wird. Dazu die Haxen über Nacht in ein Wasserbad legen, das mit 50 g Salz pro Liter angereichert ist.

So wird's gemacht

Den Grill anzünden und auf 180 °C (indirekte Hitze) aufheizen. Pfeffer, Salz, Kümmel und Knoblauchpulver in einer Schüssel vermischen. Alles gut verrühren, sodass eine hübsche Gewürzmischung entsteht.

Feuer und Fleisch

Die Schweinshaxen rundum mit einem scharfen Messer einkerben. Bloß nicht nicht zimperlich sein! Das dient dazu, dass die Gewürze besser am Fleisch haften bleiben. Beide Haxen ganz mit der Gewürzmischung einreiben und in einen gusseisernen Topf legen. Ein wenig Sonnenblumenöl zugeben. Den Topf auf den Grillrost stellen. Wir geben den Haxen etwa eine Viertelstunde Zeit, um überall etwas Farbe zu bekommen.

Die Zwiebeln in Schnitze schneiden und ebenfalls in den Topf geben. Die Bouillon und das Bier zugießen und den Deckel des Grills schließen. Den Inhalt des Topfs aufkochen lassen. Ab jetzt brauchen die Haxen noch etwa 1,5–2 Stunden, bis sie gar sind.

Schließlich den Topf vom Feuer nehmen und den Plate Setter entfernen. Den Grill auf stolze 250 °C aufdrehen. Die Schweinshaxen aus dem Topf nehmen und schön braun grillen. Der Kochflüssigkeit mit den Zwiebeln nun etwas Maisstärke zugeben. Gut rühren. Dann kommt der Topf ebenfalls auf den Grillrost. Sobald sich auf den Schweinshaxen eine schöne Kruste gebildet hat, ist diese Spezialität fertig.

Beer pairing: een mooi glas König Ludwig Weissbier.

B 48

SEA BASTARD

250° DIREKT | 30 MIN | 4 PERS

Dass der Seebarsch bzw. Wolfsbarsch ein vielseitiger Bursche ist, beweist die Tatsache, dass er sowohl in Süß- und Salzwasser als auch in Brackwasser unterwegs ist. Und jetzt verpassen wir ihm auch noch ein Kräuterbad. Damit er außen schön knusprig wird. Das verleiht ihm mithilfe des Grills ein intensives, rauchiges Aroma.

ZUTATEN

- 4 Seebarschfilets
- Zerlassene Butter
- Sonnenblumenöl

Black Rub

- 2 EL Paprikapulver, geräuchert
- 1 EL Thymian, getrocknet
- 1 EL Kreuzkümmel, gemahlen
- 1 EL Koriander, gemahlen
- 1 EL Zwiebelpulver
- 1 EL Knoblauchpulver
- 2 EL Salz
- 2 EL schwarzer Pfeffer, gemahlen
- 1 EL Oregano, getrocknet
- 1 TL Cayennepfeffer

GEBRAUCHT WERDEN

- Gusseiserne Pfanne oder Plancha
- Grillzange
- Kernthermometer

ZUBEREITUNG

Vorbereitung

Nur keine Zeit verlieren

Black Rub klingt mysteriös, was? Kontrastiert aber wunderhübsch mit dem weißen Fischfleisch. Also: Alle Kräuter und Gewürze gut vermischen. Den Grill auf 250 °C hochpeitschen. Jetzt greifen wir uns eine gusseiserne Pfanne oder eine Plancha. Eine Plancha ist ein gusseisernes Backblech. Aber Plancha klingt viel internationaler. Also bleiben wir dabei. Wo waren wir stehen geblieben? Oh ja ... Die Plancha auf den Rost stellen und gut heiß werden lassen. Die Fischfilets mit der zerlassenen Butter erst schön einpinseln. Danach sollen sich die Butterbarsche genüsslich im Black Rub wälzen.

Schwarz auf Weiß

Die Plancha mit Sonnenblumenöl bestreichen. Darauf werden die Fischfilets auf beiden Seiten ca. 2 Minuten gegrillt. Durch die hohe Temperatur geht es ganz fix. Eine Kerntemperatur von 60 °C ist gut. Die Kräuterkruste wird von alleine hart und löst sich dann einfach. Also nur nichts übereilen und vor allem nichts anfassen.

Lecker ist dieser Black Rub auch auf Gemüse oder rotem Fleisch. Man kann seinen Gästen ganz beiläufig erklären, dass die schwarze Hülle kein Versehen ist, sondern eine Technik, die einige Jahre Erfahrung voraussetzt. Das ist vielleicht etwas übertrieben, aber die Wahrheit sollte einer guten Story nicht im Weg stehen. Schmecken lassen!

B 49 KAPAUN MIT CHAMPIGNONS

210° INDIREKT | 120 MIN | 30 MIN | 4 PERS

Ein Kapaun ist ein kastrierter Hahn, auch Kapphahn oder Masthahn genannt.
Sein Fleisch gilt als besonders mild, weiß und fett. Deshalb werden Kapaune von Feinschmeckern besonders geschätzt. Wer keinen Kapaun auftreiben kann oder zu viel Mitleid mit seinem Schicksal empfindet, kann natürlich auf ein Freilandhuhn zurückgreifen.

ZUTATEN

- 1 Kapaun oder Freilandhuhn, ±1½ kg schwer
- 200 ml Geflügelbouillon
- 18 große Kastanienchampignons
- 50 ml Cognac
- 60 g Butter

Hackmischung
- 250 g Geflügelhackfleisch
- 1 Schale Kastanienchampignons
- 150 g Rosinen
- 50 ml Cognac
- 2 Zwiebeln
- 6 EL Öl
- 2 EL Petersilie
- Pfeffer
- Salz

GEBRAUCHT WERDEN

- Schmortopf/Dutch Oven
- 2 gusseiserne Töpfe
- Kernthermometer
- Nadel und Faden

ZUBEREITUNG

Vorbereitung
Zunächst zünden wir den Grill an. Dann die Rosinen in Cognac einweichen.

Füllung
Zuerst die Pilze sauberbürsten und in Scheiben schneiden.
1 EL Öl in den Schmortopf/Dutch Oven geben und die Pilze darin anbraten. Sie müssen ihre Flüssigkeit verlieren. Die Zwiebeln fein hacken und zusammen mit dem Hackfleisch im gusseisernen Topf in etwas Öl anbraten. Die Rosinen, gehackte Petersilie und die Hälfte des Cognacs hinzugeben. Nach Belieben mit Pfeffer und Salz abschmecken.

Kleinere Näharbeiten
Der Kapaun wird jetzt mit der Hackmischung gefüllt. Die Öffnung sorgfältig zunähen. Die beim Braten entstandene Flüssigkeit wird durch eine Abtropfschale aufgefangen. Den restlichen Cognac zugießen. Den Kapaun außen mit Butter einreiben und mit Salz und Pfeffer bestreuen.

Grillhahn de luxe
Den Kapaun in einen gusseisernen Topf legen und ± 1,5 Stunden auf dem Grillrost garen, bis das Fleisch eine Kerntemperatur von 74 °C hat. Den Vogel in der Zwischenzeit regelmäßig mit dem Bratensaft begießen. Die großen Champignons entstielen, mit Öl einreiben und ab damit auf den Grillrost. Den gebratenen Kapaun aus dem Topf nehmen und öffnen. Die Füllung herauslöffeln. Die großen Champignons können nun mit dieser Mischung gefüllt werden. Den Kapaun aufschneiden und auf den Tellern verteilen. Bratensaft im Topf mit der Bouillon aufgießen und separat in einer Schale servieren.

Und die Champignons als Beilage nicht vergessen ...

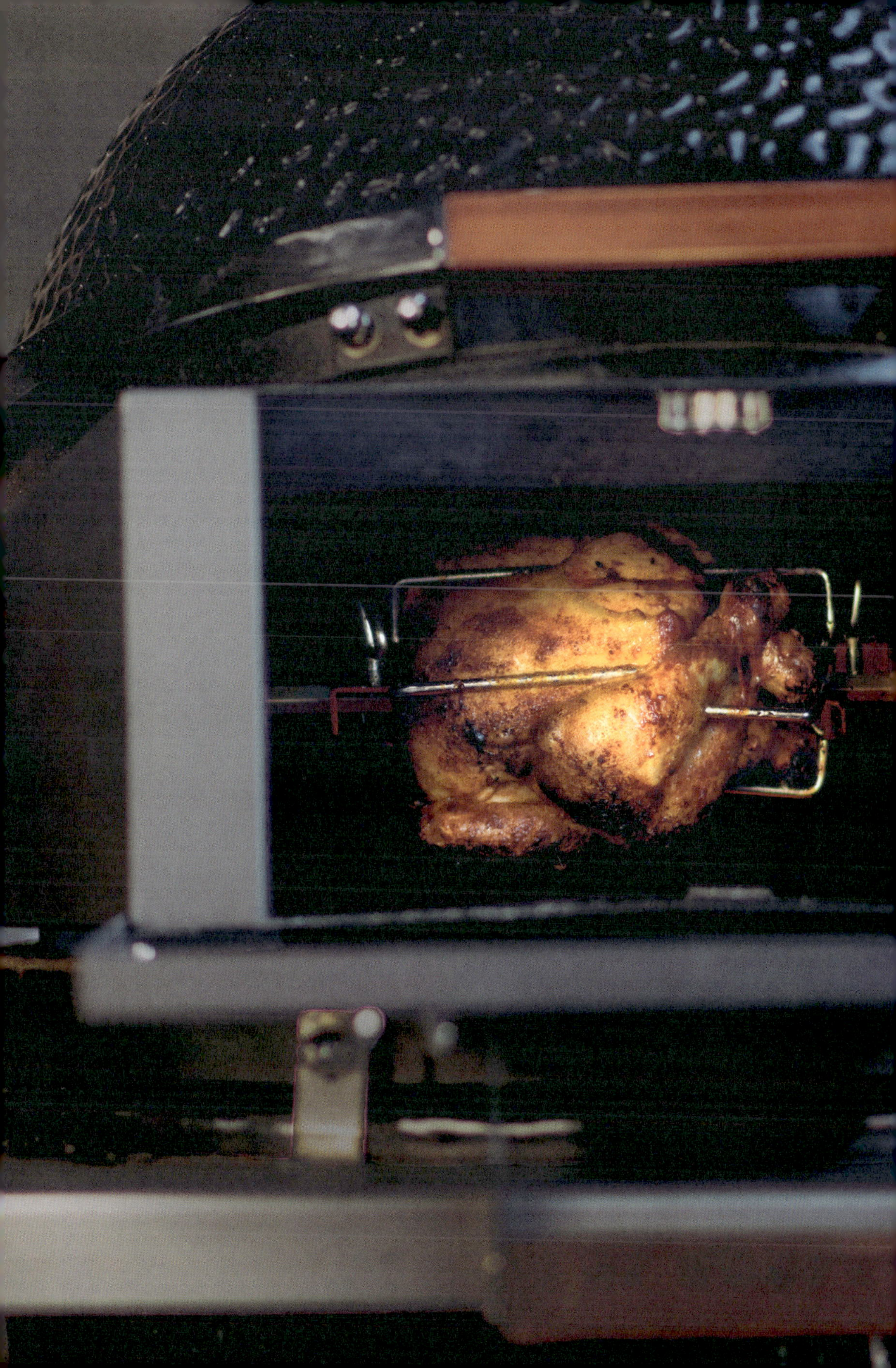

B 50 KOKOS-HUHN

180° DIREKT | 60 MIN | 4 PERS

Dieses in Kokosmilch geschmorte Hühnchen ist sehr indonesisch und schön würzig. Das Geheimnis ist der Schmortopf bzw. Dutch Oven. Darin bleibt das Fleisch saftig und behält sein Aroma. Und natürlich braucht alles Gute seine Zeit. Slow Cooking ist angesagt. Also nur nichts übereilen.

ZUTATEN

- 6 Hühnerschenkel
- 6 dl Kokosmilch
- 3 Stängel Zitronengras
- 5 Kaffir-Limettenblätter
- 2 EL Palmzucker
- 2 EL Tamarinde
- 3 TL Salz
- 3 EL Öl

Gewürzpaste
- 100 g Erdnüsse
- 10 Schalotten
- 8 Knoblauchzehen
- 5 rote Chilischoten (vorzugsweise Lombok-Chili)
- 2 cm frischer Ingwer
- 2 cm frischer Kurkuma
- 1½ EL Petis udang (Garnelenpaste)
- ½ EL Koriandersamen

GEBRAUCHT WERDEN

- Schmortopf/Dutch Oven
- Grillzange
- Kernthermometer

ZUBEREITUNG

Vorbereitung der Gewürzmischung
Den Ingwer und Kurkuma fein hacken, das gleiche Schicksal ereilt die Schalotten, den Knoblauch und die Chilischoten. Zusammen mit den Erdnüssen werden die Gewürze zu einer Paste gemahlen. Garnelenpaste und Koriander hinzufügen.

So wird's gemacht
Den Grill auf 180 °C heizen, darauf einen Schmortopf platzieren. Das Öl darin erhitzen. Die Gewürzpaste zusammen mit dem Zitronengras und den Limettenblättern anschwitzen, bis eine duftende, tropische Substanz entsteht. Jetzt die Kokosmilch zugeben und aufkochen. Die Hühnerschenkel landen zusammen mit dem Palmzucker und der Tamarinde im Topf und werden unter Rühren erneut aufgekocht. Die Hühnerschenkel ± 30 Minuten garen bzw. bis sie eine Kerntemperatur von 75 °C haben.

Das Fleisch nun aus dem Topf nehmen und zum Schluss auf den Grill legen, bis es eine schöne braune Farbe angenommen hat. Dabei stets mit Bratensaft bestreichen.

B 51 HÜHNCHEN IN WINTERBIER

200° DIREKT | 120 MIN | 30 MIN | 4 PERS

Die Temperatur ist im Minusbereich. Ein eiskalter Wind fegt durch den Garten. Drinnen ist es kuschlig warm. Was tun? Wir ziehen uns die Winterjacke über, klemmen uns ein paar Flaschen Bier und 8 Hühnerschenkel unter den Arm, und raus geht's. Jetzt nur noch den Schnee vom Grill fegen. Dann steht dem coolen Wintergrillvergnügen nichts mehr im Weg.

ZUTATEN

- 2 Flaschen dunkles Bier, z. B. Winterbier von Warsteiner
- 8 Hühnerschenkel mit Knochen
- 100 ml Kalbsfond
- 150 ml Crème de Cassis
- 75 g ungesalzene Butter
- 100 g Meersalz
- Maisstärke
- 1 Zimtstange
- Salz und Pfeffer
- Olivenöl

Gewürzmischung
- 2 EL Rohrzucker
- 2 EL Cayennepfeffer
- 1 EL Paprikapulver, geräuchert
- 1 EL Senfsamen, gemahlen
- 1 EL Kreuzkümmel, gemahlen
- 1 EL Meersalz

GEBRAUCHT WERDEN

- Aluminiumfolie
- Frischhaltefolie
- Gusseiserner Topf
- Schneebesen
- Kernthermometer

ZUBEREITUNG

Vorbereitung
Ohne Vorbereitung darf das Hühnchen nicht hinaus in die Kälte. Also müssen wir die Hühnerschenkel zunächst 1,5 Stunden in einen Liter kaltes Wasser legen, in dem vorher 100 g Meersalz aufgelöst wurden. Die Hühnerschenkel danach gut abspülen und trockentupfen. Noch 1 Stunde in den Kühlschrank stellen. Nicht abdecken.

Die Zutaten für die Gewürzmischung in einer Schüssel vermischen. Die Hühnerschenkel großzügig damit einreiben. Das Fleisch eine weitere Stunde ziehen lassen.

Don't cook the book
Das Bier in den gusseisernen Topf gießen, aber erst einen guten Schluck nehmen und kontrollieren, ob es auch in Ordnung ist. Die Flüssigkeit auf etwa 40 % einkochen lassen. Ja, einfach auf dem Grill. Kalbsfond zugießen und kurz aufkochen lassen. Crème de Cassis, Zimt, Pfeffer und Salz nach Geschmack zugeben. Mit einem Schneebesen die (kalte) Butter Würfel für Würfel in die Sauce rühren (oder mit Maisstärke binden), damit eine glatte Sauce entsteht.

Die Hühnerschenkel auf direktem Feuer bei 200 °C schön braun und knusprig grillen. Das Fleisch dann indirekt bis zu einer Kerntemperatur von 72 °C garen. Danach in die Winterbiersauce legen, bis serviert wird.

Bier-Begleitung:
Winterbier von Warsteiner

RGANIC-ECOLOGICO
del

B 52 CARPETBAG-STEAK MIT CAVOLO NERO

225° DIREKT | 45 MIN | 4 PERS

Das Beste kommt zuletzt. Der krönende Abschluss. Also heißt es, nochmal alle Kräfte für dieses letzte Gericht zu sammeln. In diesem Rezept vereinen sich zwei Welten: Wasser und Land. In Surf 'n' turf kommt alles zusammen. Niemand hat eine Ahnung, woher der Name stammt. Aber das tut dem Geschmack keinen Abbruch. Im Gegenteil! Ein Tipp vom beliebtesten Austernmann der Niederlande: Marcus, von Zilt & Zalig.

ZUTATEN

- Carpetbag-Steak
- 4 Rindersteaks, je ± 250 g
- 18 Austern
- 4 lange Scheiben Bacon

Knoblauchbutter
- 150 g Butter
- 6 Knoblauchzehen
- 1 Bund glatte Petersilie
- 1/2 Zitrone
- 3 Anchovisfilets
- Austernflüssigkeit

Cavolo Nero
- 400 g Cavolo Nero (Palmkohl)
- 2 EL Erdnussöl
- 3 EL Sesamsamen (vorzugsweise schwarz)
- 1 TL Chilipulver
- 2 EL Sojasauce

GEBRAUCHT WERDEN

- Gusseiserner Rost
- Gusseiserner Topf
- Kernthermometer
- Aluminiumfolie
- 4 Zahnstocher

ZUBEREITUNG

In die Startblöcke
Ärmel hochkrempeln und los geht es. Die Petersilie fein hacken, die Zitronenhälfte auspressen. Die Austern öffnen, die Flüssigkeit aufbewahren. Anschließend die Zutaten für die Knoblauchbutter vermischen.

Nun die Steaks seitlich wie ein Hamburgerbrötchen aufschneiden, ohne sie dabei ganz zu durchtrennen. Jedes Steak mit je drei Austern und einem Löffel Knoblauchbutter füllen, danach die Steaks mit Zahnstochern abdichten und mit dem Bacon umwickeln. Diesen ebenfalls mit Zahnstochern fixieren. Die Steaks reichlich mit Salz bestreuen.

Jetzt muss nur noch der Cavolo Nero in grobe Streifen geschnitten werden.

Richtung Finale
Den Grill so aufheizen, als wäre heute der letzte Tag angebrochen. Die Steaks ca. je 3 Minuten auf beiden Seiten grillen. Immer wieder die Temperatur kontrollieren, bis 50 °C erreicht sind. Das Fleisch jetzt mit etwas Knoblauchbutter einreiben und noch je 1 Minute auf beiden Seiten grillen. Bei 55 °C ist das Steak medium rare.

Cavolo Nero al dente
Das Erdnussöl im gusseisernen Topf erhitzen. Den Topf auf den Rost des heißen Grills stellen. Den geschnittenen Cavolo Nero in ± 7 Minuten bissfest pfannenrühren. Jetzt ist es an der Zeit, die Sesamsamen und das Chilipulver zuzufügen und das Ganze noch ± 1 Minute pfannenzurühren. Den Cavolo Nero mit Sojasauce ablöschen.

RUBS & SAUCEN

Der echte Grillmeister entwickelt seine eigenen Gewürzmischungen bzw. Signature Rubs. Also Notizblock und Waage immer schön in Reichweite – und einfach ausprobieren. Oder du greifst auf unsere Rubs & Saucen zurück. Das ist auch völlig in Ordnung.

PÖKELSALZ

Pökelsalz (bzw. Brine) können man verwenden, um Fleisch darin zu pökeln. Alternativ spritzt man die Pökelflüssigkeit in das Fleisch. Ursprünglich wurde gepökelt, um Lebensmittel zu konservieren. Wir pökeln, um das Fleisch saftiger und schmackhafter zu machen. Die Muskelzellen nehmen durch das Pökeln mehr Flüssigkeit auf, was für ein saftigeres und zarteres Fleisch sorgt. Man kann trocken oder nass pökeln. Trockenes Pökelsalz wird direkt auf das Fleisch gestreut.

ZUTATEN

Für 250 g:

- 5 EL Pfefferkörner, gemörsert
- 1 ganze Sternanis
- 50 g Salz
- 100 g Zucker
- 5 Lorbeerblätter
- 1 EL frische Thymianblätter

Für das trockene Pökeln alle Zutaten in einer Schüssel vermischen. Für das nasse Pökeln 1 Liter Wasser hinzugießen. Alles unter ständigem Rühren kochen, damit sich das Salz auflöst. Vor Gebrauch vollständig abkühlen lassen, da ansonsten das Fleisch ungewollt gegart wird. Durch das Hinzufügen anderer Zutaten lassen sich eigene Geschmacksrichtungen kreieren. Wie wäre es z.B. mit Knoblauch, Rosmarin, Koriandersamen, Wacholderbeeren, Ingwer, Zimt, geriebener Zitronen- oder Limettenschale.

BASIC RUB

ZUTATEN

Für 165 g:

- 2 EL geräuchertes Paprikapulver
- 2 EL frisch gemahlener, schwarzer Pfeffer
- 2 EL Meersalz
- 1 EL Knoblauchgranulat oder -pulver
- 1 EL Zwiebelgranulat oder -pulver
- 1 EL Fenchelpulver
- 1 EL Ingwerpulver
- 1 EL Senfpulver

BEEF SPICE RUB

ZUTATEN

Für 165 g:

- 2 EL (geräuchertes) Paprikapulver
- 2 EL frisch gemahlener, schwarzer Pfeffer
- 2 EL Meersalz
- 1 EL Knoblauchgranulat oder -pulver
- 1 EL Zwiebelgranulat oder -pulver
- 1 EL Korianderpulver
- 1 EL getrockneter Dill
- 1 EL Chiliflocken
- 2 EL gemahlene Kaffeebohnen (fakultativ)

Alle Zutaten in einer Schüssel vermischen. Fertig ist der Rub!

CREOLE RUB

ZUTATEN

Für 110 g:

- 1 EL Paprikapulver
- 1 EL Meersalz
- 2 TL frisch gemahlener, schwarzer Pfeffer
- 2 TL Cayennepfeffer
- 2 TL Knoblauchpulver
- 2 TL Zwiebelpulver
- 2 TL getrockneter Thymian
- 1 TL getrockneter Oregano
- 1 TL Zucker

Alle Zutaten gut mischen und für Schweinefleisch, Huhn, Truthahn, Schalentiere und/oder Fisch verwenden.

GRILLSAUCE

Grillsauce ist häufig eine wichtige Zutat in unseren Rezepten. Sie macht sich übrigens auch sehr hübsch in einem Weckglas als Geschenk für BBQ-Freunde.

ZUTATEN

Für 1,5 l:

- 1 große Zwiebel
- 230 g Chipotle-Chilis in Adobo-Sauce
- Olivenöl zum Braten
- 700 g Passata di pomodoro oder Tomatensauce
- 150 ml Apfelcideressig
- 75 ml Weißweinessig
- Saft von 1 Zitrone oder Limette
- 2-4 EL Tomatenmark
- 1 TL Chipotle-Pulver
- 150 g brauner Zucker
- 4 EL Worcestersauce
- 2 TL Senfpulver
- 4 EL Tabasco
- Salz und weißer Pfeffer nach Geschmack

Die Zwiebel fein hacken und mit den Chipotle-Chilis vermischen. Einen großen Topf auf den Herd stellen (oder auf den Grill). Die Zwiebel-Chili-Mischung mit etwas Olivenöl einige Minuten bei mäßiger Hitze anschwitzen.

Die übrigen Zutaten zugeben; die Passata zuerst. Gut rühren, ab und zu probieren und wenn nötig nachwürzen. Mit Salz und weißem Pfeffer abschmecken. Zu Anfang nimmt die Sauce eine hellrote Farbe an. Die Sauce mindestens 30 Minuten bei niedriger Hitze köcheln lassen.

SUPERSCHNELLE GRILLSAUCE

Sind nicht alle Zutaten für eine klassische Grillsauce im Haus? Dann zaubern wir diese schnelle Version mit nur drei Zutaten.

ZUTATEN

Für 550 ml:

- 400 ml Tomatenketchup
- 75 ml Senf
- 75 ml Honig oder Ahornsirup

Ketchup mit Senf und Honig bzw. Sirup zu einer superschnellen Grillsauce vermischen.

MAYONNAISE

Supereinfach zubereitet!

ZUTATEN

Für 350 ml:

- 2 Eier (Zimmertemperatur)
- 1 EL Senf
- 1 EL Weißweinessig
- ¼ TL Salz
- 300 ml pflanzliches Öl

GEBRAUCHT WERDEN

- Stabmixer
- Küchenmaschine (fakultativ)

Eier, Senf, Weißweinessig und Salz in eine Schüssel geben. Das Öl darübergießen. Den Stabmixer in die Schüssel stellen, anschalten und langsam von unten nach oben bewegen.

Alternativ lässt sich die Mayonnaise auch in der Küchenmaschine zubereiten. Dann zunächst Eier, Senf, Essig und Salz in die Küchenmaschine füllen. Öl bei laufender Maschine tropfenweise dazugießen.

Tipp: Spiele mit verschiedenen Geschmacksrichtungen, indem du Zitrone, Sriracha oder eine Gewürzmischung hinzufügst. Wenn man der Basismayo zwei zerkleinerte Knoblauchzehen beigibt, erhält man Aioli.

GERÄUCHERTES TOMATENKETCHUP

Das Räucheraroma verleiht dem Ketchup eine zusätzliche Dimension.

100°
DIREKT

ZUTATEN

Für 600 ml:

- 1 kg Tomaten
- 4 EL Olivenöl
- 2 Zwiebeln, in Ringen
- 2 Knoblauchzehen, fein geschnitten
- 2 cm Ingwer, fein geschnitten
- 1 TL Chilipulver
- 1 EL geräuchertes Paprikapulver
- 2 TL Zwiebelpulver
- 140 g Tomatenmark
- 100 g brauner Zucker

GEBRAUCHT WERDEN

- Räucherchips
- Stabmixer (fakultativ)

Räucherspäne auf die Holzkohle des Bastards legen. Die Tomaten an der Unterseite kreuzweise einschneiden und kurz auf den Grill legen.

In einen Topf bei niedriger Hitze etwas Olivenöl geben. Darin die Zwiebeln anschwitzen und langsam braun werden lassen. Nach 10 Minuten Knoblauch, Ingwer, Chili-, Paprika- und Zwiebelpulver in den Topf geben. 2 Minuten weiterschmoren. Dann Tomatenmark und Zucker hinzufügen.

Die gegrillten Tomaten häuten. Zusammen mit dem Essig zur Mischung in den Topf geben. 25 Minuten köcheln lassen. Das Ketchup ist jetzt fertig, wenn es grob sein soll. Für ein feineres Ergebnis pürieren wir das Ketchup mit dem Stabmixer.

DIE ULTIMATIVE HAMBURGERSAUCE

Eigentlich ganz einfach: Ketchup mit Mayo. Die folgende Luxusversion passt prima zu Hamburgern oder als Alternative zu Mayonnaise bei Pommes frites.

ZUTATEN

Für 250 ml:

- 150 ml Mayonnaise
- 3 EL Ketchup
- 1 EL Weißweinessig
- 1 TL Zucker
- 1 Schalotte, fein geschnitten
- 2 kleine Gewürzgurken, fein geschnitten
- 1 TL Cayennepfeffer
- Salz und frisch gemahlener, schwarzer Pfeffer nach Geschmack

Alle Zutaten zur ultimativen Hamburgersauce verrühren.

WHITE BBQ SAUCE

Diese Sauce wird auch Alabama White Sauce genannt. Sie ist ein US-amerikanischer Klassiker und ein unverzichtbares Requisit für Grillhähnchen oder als Dressing für Cole Slaw.

ZUTATEN

Für 450 ml:

- 300 ml Mayonnaise
- 75 ml Apfelcideressig
- 40 g Meerrettich
- 2 EL frischer Zitronensaft
- $1\frac{1}{2}$ TL frisch gemahlener, schwarzer Pfeffer
- 2 TL gelber Senf
- 1 TL Salz
- $\frac{1}{2}$ TL Cayennepfeffer
- $\frac{1}{4}$ TL Knoblauchpulver

Mayonnaise, Essig, Meerrettich, Zitronensaft, Pfeffer, Senf, Salz, Cayennepfeffer und Knoblauchpulver in eine Schüssel geben. Durch Schlagen alles gut vermischen, bis eine sämige, glatte Sauce entsteht.

Bis zur Verwendung Schüssel abgedeckt in den Kühlschrank stellen.

REGISTER

WEIL DAS FEUER NOCH LANGE NICHT AUS IST

Nach „Let's Make BBQ Great Again" hatte ich nicht erwartet, dass ich schon bald wieder mit einem neuen BBQ-Buch beschäftigt sein würde. Mit „We Can BBQ" gehen wir noch einen Schritt weiter. Mit einem tollen Team haben wir in relativ kurzer Zeit die Kräfte gebündelt, um dieses Buch herauszugeben.
Ein Dankeschön an alle, die zum Zustandekommen dieses Buchs beigetragen haben.

Eline en Rose! Was für eine Freude, mit euch zusammenzuarbeiten.
Wim, Joost, Tim, Omer und Rob! Danke für eure kulinarischen Beiträge.
Martijn! In der Hitze des Gefechts hast du uns im richtigen Moment in die richtige Richtung dirigiert.
Ramon! Danke für die freundliche Bereitstellung deines tollen Materials.
Das fantastische Team von Nijgh! Julia, Kirsten, Koen, Ron und Chiel.
Wouter & Robina! Danke fürs Mitlesen, Mitdenken und Mitkosten.
Lisette! Danke für deinen Cover-Vorschlag.
Siebe, Lucy und Hugo! Die unverzichtbare Marketingperspektive.
Nadine, Eva, Emmelien und Charlie. Danke für alle Unterstützung.
Paul und Karen! Danke für eure Recherchen und kulinarischen Ideen.
Joe! Danke, dass du uns dein Curry-Rezept geliehen hast.
Dank an Wouter und Guusje für die Hilfe bei der Produktion.
Thomas und Mike für die Unterstützung im HarlemBBQ.
Eva für die Unterstützung als Fotoassistentin.
Sanne für die kreative Unterstützung.
Astrid für die gründliche Überarbeitung unserer Texte.
Davy & Ioana für das Weitertragen des Feuers über die Landesgrenzen hinaus.
AVB Vertalingen, vielen Dank für das Übersetzen der Texte
Wir bedanken uns bei allen Kollegen von 200 Fahrenheit.
Bei allen Bastards, die in den vergangenen Jahren an uns geglaubt haben!

Und bei all unseren Partnern bei der Arbeit an diesem Buch:

- Niels Vermolen von Emmi
- Arjan Barten van Warsteiner
- Charlotte Zandbergen und Robin Hagendoorn von Zandbergen World's Finest Meat
- Ilona van Gurp von Plukon Food Group
- Esther Rodenburg und Inge van der Ende von Intratuin. Jullie, deren Anfrage für ein *Special* dieses gesamte Projekt erst in Gang gesetzt hat

Ganz besonders möchte ich mich beim Kernteam von „We Can BBQ" bedanken.
Für die Arbeitsfreude, die Inspiration und vor allem das tolle Endergebnis:

- Dirk! Hüter unseres Erbguts und der Titel, Verfasser von Rezepten.
- Frank! Für die Rezepte, das Organisieren von Partnern und dafür, dass wir unser Ziel erreicht haben!
- Antal! Du kamst mit der Idee für das Projekt, schriebst Rezepte, organisiertest Fotografie, Produktion und Druck. Dieses Buch ist genauso dein Buch wie meins.

Jeroen Wesselink

HAMBURGER
YORK